SV

Band 1494 Bibliothek Suhrkamp

Walker Percy
Der Kinogeher

Roman

Deutsch von
Peter Handke

Suhrkamp Verlag

Titel des amerikanischen Originals: *The Moviegoer*
© 1960, 1961 by Walker Percy
Die amerikanische Erstausgabe erschien 1960
bei Alfred A. Knopf, New York.
Textvorlage der deutschen Fassung war die 1963 bei
Eyre & Spottiswoode in London erschienene Ausgabe.
Die geringfügigen Kürzungen in der Übersetzung
erfolgten im Einverständnis mit Walker Percy.

Erste Auflage dieser Ausgabe 2016
© der deutschen Ausgabe
Suhrkamp Verlag Frankfurt am Main 1980
Alle Rechte vorbehalten, insbesondere das
des öffentlichen Vortrags sowie der Übertragung
durch Rundfunk und Fernsehen, auch einzelner Teile.
Kein Teil des Werkes darf in irgendeiner Form
(durch Fotografie, Mikrofilm oder andere Verfahren)
ohne schriftliche Genehmigung des Verlages reproduziert
oder unter Verwendung elektronischer Systeme
verarbeitet, vervielfältigt oder verbreitet werden.
Satz: Satz-Offizin Hümmer GmbH, Waldbüttelbrunn
Druck: Druckhaus Nomos, Sinzheim
Printed in Germay
ISBN 978-3-518-22494-6

W. A. P.
in Dankbarkeit

»… das Besondere
der Verzweiflung ist eben dies:
sie weiß nicht,
daß sie Verzweiflung ist …«

Søren Kierkegaard
Die Krankheit zum Tode

Was folgt, ist ein Werk der Einbildung. Jeder Charakter (ausgenommen die Kinostars) und jedes Vorkommnis sind ohne Ausnahme erfunden. Eine Ähnlichkeit mit wirklichen Personen ist nicht beabsichtigt und sollte auch nicht ableitbar sein. Wenn Kinostars erwähnt werden, ist es nicht die Person des Schauspielers, die gemeint ist, sondern der Charakter, den er auf der Leinwand darstellt. Die Geographie von New Orleans und den Bayous ist leicht verändert worden. Zu »Feliciana Parish«: es gibt Bezirke namens East Feliciana und West Feliciana, aber ich kenne in beiden keine Seele.

EINS

1

Heute morgen bekam ich ein Billett von meiner Tante: ob ich zum Lunch kommen könne? Ich weiß, was das heißt. Da ich jeden Sonntag zum Abendessen hingehe und heute Mittwoch ist, kann es nur heißen: sie wünscht eins ihrer seriösen Gespräche. Es wird äußerst ernst sein, entweder eine schlechte Neuigkeit über ihre Stieftochter Kate oder ein seriöses Gespräch über mich und meine Zukunft. An sich genug, einem die Laune zu verderben, doch ich bekenne, daß ich in der Einladung insgesamt nichts Unangenehmes sehe.

Ich erinnere mich an den Tag, als mein älterer Bruder Scott an Lungenentzündung starb. Ich war acht Jahre alt. Meine Tante war bei mir, und sie nahm mich mit auf einen Spaziergang hinter das Krankenhaus. Es war eine interessante Straße: auf der einen Seite Kraftwerk, Gebläse und Verbrennungsofen des Krankenhauses, alle summend und einen heißen Fleischgeruch ausstoßend; auf der andern Seite eine Reihe von Negerhäusern. Kinder, alte Leute und Hunde saßen auf den Veranden und betrachteten uns. Ich bemerkte mit Vergnügen, daß Tante Emily alle Zeit der Welt zu haben schien und willig beredete, was auch immer ich zu bereden wünschte. Etwas Außerordentliches, Gutes war geschehen. Wir gingen langsam, im Gleichschritt. »Jack«, sagte sie, mich fest an sich drückend und zu den Negerhütten hinüber lächelnd, »du und ich, wir sind doch immer gut miteinander ausgekommen?« »Yes ma'am.« Mein Herz tat einen heftigen Schlag, und hinten am Nacken kribbelte es wie bei einem Hund. »Ich habe eine schlechte Nachricht für dich, Kind.« Noch nie hatte sie mich so eng an sich gedrückt. »Scotty ist tot. Nun bist du der einzige. Es wird schwer für dich sein, aber ich weiß, daß du handeln wirst wie ein Soldat.« Wahr: es fiel mir leicht, zu handeln wie ein Soldat. War das alles, was ich zu tun hatte?

Das erinnert mich an einen Film, den ich letzten Monat draußen am Lake Pontchartrain gesehen habe. Linda und ich gingen aus, in ein Kino in einem neuen Vorort. Es war offensichtlich, daß sich jemand verrechnet hatte, denn der Vorort hatte zu wachsen aufgehört, und das Kino, ein rosa Stuckwürfel, stand ganz vereinzelt in einem Feld. Ein starker Wind warf die Wellen gegen den Deich; auch im Kino drinnen war der Krach zu hören. Der Film handelte von einem Mann, der bei einem Unfall sein Gedächtnis und folglich alles verlor: Familie, Freunde, Geld. Er kam zu sich als Fremder in einer fremden Stadt. Hier mußte er neu anfangen, einen neuen Platz zum Leben finden, einen neuen Beruf, eine neue Frau. Die Geschichte seiner Verluste war auf eine Tragödie angelegt, und er schien sehr zu leiden. Andererseits war seine Lage schließlich nicht so arg. Er fand binnen kurzem einen pittoresken Wohnplatz, ein Hausboot auf einem Fluß und ein sehr hübsches Mädchen, die Bibliothekarin des kleinen Ortes.

Nach dem Film standen Linda und ich vor dem Eingang und sprachen mit dem Geschäftsführer, oder hörten ihm eher zu, wie er sich beklagte: das Kino war fast leer, was mir gefiel, aber nicht ihm. Es war eine schöne Nacht, und ich fühlte mich sehr wohl. Über uns war der schwärzeste Himmel, den ich je gesehen hatte; ein schwarzer Wind trieb den See auf uns zu. Die Wellen sprangen über den Deich und besprützten die Straße. Der Geschäftsführer mußte brüllen, um sich verständlich zu machen, und aus dem Trottoirlautsprecher gerade über seinem Kopf zirpte die Konversation zwischen dem Mann ohne Gedächtnis und der Bibliothekarin. Es war die Stelle, wo sie die

Zeitungsstöße nach einer Spur seiner Identität durchsuchen (er hat die vage Erinnerung an einen Unfall). Linda stand unglücklich daneben. Sie war aus demselben Grund unglücklich, aus dem ich glücklich war – weil wir in einem Vorortkino draußen in der Ödnis waren, und ohne Wagen (ich habe einen Wagen, aber ich fahre lieber mit Bussen und Straßenbahnen). *Ihre* Vorstellung von Glück: ins Zentrum chauffiert zu werden und im Blue Room des Roosevelt Hotels zu dinieren. Dazu bin ich von Zeit zu Zeit verpflichtet. (Und es zahlt sich auch aus.) Bei diesen Gelegenheiten wird Linda so aufgeregt wie ich jetzt. Ihre Augen schimmern, ihre Lippen werden feucht, und wenn wir tanzen, streift sie mit ihren schönen langen Beinen leicht die meinen. In solchen Momenten liebt sie mich tatsächlich – und nicht, um sich für den Blue Room erkenntlich zu zeigen. Sie liebt mich, weil es dieser romantische Ort ist, der sie erregt, und nicht ein Film draußen in der Ödnis.

Aber all das ist Vergangenheit. Linda und ich haben uns getrennt. Ich habe eine neue Sekretärin, ein Mädchen namens Sharon Kincaid.

Seit vier Jahren lebe ich ohne besondere Vorkommnisse in Gentilly, einem Mittelklassen-Vorort von New Orleans. Gäbe es nicht die Bananensträucher in den Patios und die Eisenschnörkel am Walgreen Drugstore, würde man nie denken, in einem Teil von New Orleans zu sein. Die meisten Häuser sind entweder Bungalows im altkalifornischen Stil oder neumodische Daytona Cottages. Aber das ist es, was ich daran mag. Ich kann die »Alte-Welt«-Atmosphäre des French Quarter nicht leiden, auch nicht den gezierten Charme des Garden District. Ich habe zwei Jahre lang im Quarter gelebt, aber schließlich wurde ich überdrüssig der Birmingham-Businessmen, die blöd in der Bourbon Street herumgrinsen, und auch der Homosexuellen und Connoisseure in der Royal Street. Onkel und Tante bewohnen ein graziöses Haus im Garden District und sind sehr freundlich zu mir. Aber sooft ich dort zu leben versuche, verfalle ich zuerst in eine Raserei, die mich starke Meinungen zu verschiedenen Themen äußern und Briefe an Herausgeber schreiben läßt, und dann in eine Niedergeschlagenheit, in der ich stundenlang stocksteif liege und zu dem Stuckmedaillon an der Decke des Schlafzimmers hinaufstarre.

Das Leben in Gentilly ist sehr friedvoll. Mein Onkel betreibt eine Börsenmaklerei, und ich kümmere mich um ein kleines Filialbüro. Mein Heim ist die untere Wohnung eines erhöhten Bungalows, der Mrs. Schexnaydre gehört, der Witwe eines Feuerwehrmanns. Ich bin ein Modellmieter und ein Modellbürger, und es gefällt mir, alles zu tun, was von mir erwartet wird. Meine Brieftasche ist gestopft mit Identitätskarten, Bibliothekskarten, Kreditkarten. Letztes Jahr habe ich einen flachen, olivfarbenen Geldschrank gekauft, glatt und robust, mit doppelten Wänden als Feuerschutz: da habe ich meine Geburtsurkunde hineingelegt, das College-Diplom, die Ehrenvolle Entlassung, die G.I.-Versicherung, ein paar Aktien und meine Erbgutbescheinigung: ein Anteil an zehn Morgen einer ehemaligen Entenjagd drunten im St. Bernard Bezirk – einziges Überbleibsel von meines Vaters vielen Begeisterungen. Es ist ein Vergnügen, die Pflichten eines Bürgers zu befolgen und dafür eine Quittung oder eine saubere Kunststoffkarte mit dem eigenen Namen drauf zu kriegen, die einem sozusagen das Existenzrecht bescheinigt. Wie es mich befriedigt, jeweils gleich am ersten Tag das Autoschild und den Bremsen-Sticker abzuholen! Ich bin Abonnent der *Consumer Reports* und besitze folglich einen erstklassigen Fernseher, ein (nicht gerade ruhiges) Klimagerät und ein sehr lang vorhaltendes Deodorant. Meine Achselhöhlen stinken nie. Ich höre aufmerksam alle Radiodurchsagen über geistige Gesundheit, die sieben Anzeichen von Krebs, und über sicheres Fahren – obwohl ich es, wie gesagt, vorziehe, den Bus zu nehmen. Gestern sprach einer meiner Helden, William Holden, im Radio ein Statement über den Abfall in der Landschaft. »Gestehn wir's ein«, sagte Holden. »Niemand kann was dran ändern – ausgenommen Sie und ich.« Das ist wahr. Ich bin seitdem achtsam gewesen.

An den Abenden schaue ich gewöhnlich fern oder gehe ins Kino. Die Wochenenden verbringe ich oft an der Golfküste. Unser Kino in Gentilly hat eine Inschrift am Vordach: »Wo Glück so wenig kostet.« Ich bin tatsächlich ganz glücklich in einem Film, sogar in einem schlechten. Andre Leute (so habe ich gelesen) horten erinnernswerte Momente ihres Lebens: den Sonnenaufgang, als man dem Parthenon entgegenstieg, die Sommernacht, als man im Central Park ein einsames Mädchen traf und mit ihr eine zärtliche und natürliche Beziehung einging (wie es in den Büchern heißt). Auch ich habe im Central Park einmal ein Mädchen getroffen, aber da gibt's nicht viel zu erinnern. Dagegen erinnere ich mich an den Moment, als John Wayne, in *Stagecoach* auf die staubige Straße fallend, mit einem Karabiner drei Männer tötete, und an den Moment, als im *Third Man* das Kätzchen Orson Welles im Torweg fand.

Meine Begleitung bei solchen abendlichen Ausgängen und Wochenend-Trips ist gewöhnlich meine Sekretärin. Ich habe bis jetzt drei Sekretärinnen gehabt, Marcia, Linda und nun Sharon. Vor zwanzig Jahren muß nahezu jedes zweite in Gentilly geborene Mädchen Marcia genannt worden sein. Etwa ein Jahr danach war es »Linda«. Dann Sharon. In jüngster Zeit, habe ich bemerkt, ist der Name Stephanie Mode geworden. Drei meiner Bekannten in Gentilly haben Töchter namens Stephanie. Letzte Nacht habe ich einen Fernsehfilm über einen Kernexplosionstest gesehen. Keenan Wynn spielte einen Physiker im Zwiespalt, der es oft schwer mit seinem Gewissen hatte. Er unternahm einsame Spaziergänge in der Wüste. Aber es war klar, daß es ihm in seinem innersten Herzen bei der Seelen-Erforschung sehr gut ging. »Welches Recht haben wir, zu tun, was wir gerade tun?« pflegte er, mit einer bitteren Stimme, seine Kollegen zu fragen. »Ich denke vor allem an meine vierjährige Tochter«, sagte er zu einem andern Kollegen und zog einen Schnappschuß hervor. »Welche Zukunft schaffen wir ihr?« »Wie heißt Ihre Tochter?« fragte der Kollege, mit einem Blick auf das Photo. »Stephanie«, sagte Keenan Wynn mit rauher Stimme. Der Klang des Namens erzeugte ein scharfes Kribbeln in meinem Nacken. In zwanzig Jahren werde ich vielleicht eine rosige junge Stephanie an meiner Schreibmaschine sitzen haben.

Ich würde ja gern sagen, daß ich meine Sekretärinnen, diese glänzenden Mädchen, zuerst erobert und dann nacheinander wie alte Handschuhe weggeworfen habe, doch das wäre nicht ganz wahr. Es handelt sich eher um Liebesgeschichten. Jedenfalls fingen sie als Liebesgeschichten an, schöne, sorglose. Verzückungen, die Marcia oder Linda (aber noch nicht Sharon) und mich die Golfküste entlangsausen und dann umschlungen in einer einsamen Bucht von Ship Island liegen ließen, fast ungläubig über das gütige Geschick, ungläubig, daß die Welt solch ein Glück enthielt. Jedoch bei Marcia und Linda endete die Geschichte, gerade als ich dachte, unsere Beziehung käme in ihre beste Zeit. Die Luft im Büro wurde dick von stummen Vorwürfen. Es wurde unmöglich, ein Wort oder einen Blick zu wechseln, die nicht belastet gewesen wären mit tausend versteckten Bedeutungen. Zu allen Stunden der Nacht kam es zu Telefongesprächen, die fast nur aus langen Schweigepausen bestanden – wobei ich mein Gehirn abmarterte nach einem Wort, während am anderen Ende kaum mehr zu hören war als Atmen und Seufzen. Wenn dieses lange Schweigen am Telefon eintritt, ist das ein sicheres Zeichen für das Ende der Liebe. Nein, es waren keine Eroberungen. Denn zuletzt waren meine Lindas und ich einander so überdrüssig, daß wir uns gern Lebewohl sagten.

Ich bin ein Wertpapier-Makler. Es stimmt, daß meine Familie über diese Berufswahl ziemlich enttäuscht war. Einmal hatte ich daran gedacht, Recht oder Medizin oder gar reine Wissenschaft zu studieren. Ich habe sogar geträumt, Großes zu unternehmen. Aber es spricht viel dafür, solch bedeutende Ambitionen aufzugeben und das allergewöhnlichste Leben zu führen, ein Leben ohne die früheren Sehnsüchte; Aktien, Pfandbriefe und Wechsel zu verkaufen; wie alle Welt um fünf von der Arbeit wegzugehen; ein Mädchen zu haben, sich eines Tages vielleicht niederzulassen und einen Schock von eigenen Marcias, Sandras und Lindas aufzuziehen. Außerdem ist die Börsenmaklerei interessanter, als man denkt. Es ist gar kein arges Leben.

Mrs. Schexnaydre und ich wohnen an den Elysian Fields, der Hauptverkehrsstraße des Faubourg Marigny. Obwohl sie, wie die originalen Champs Elysées, als *der* Stadtboulevard geplant waren, ging etwas schief, und nun verläuft die Straße unscheinbar vom Strom zum See, vorbei an Einkaufszentren, zweistöckigen Blocks, Bungalows und einstöckigen Cottages. Aber sie ist sehr breit und luftig und scheint wahrhaftig wie ein Feld unter dem Himmel zu liegen. Mrs. Schexnaydres Nachbarhaus ist eine ganz neue Schule. Ich habe die Gewohnheit, an Sommerabenden nach der Arbeit zu duschen und dann in Hemd und Hose hinüber zu dem verlassenen Spielplatz zu spazieren und da auf dem Ozeanwellen-Karussell zu sitzen, die Kinoseite der *Times-Picayune* zur einen Hand, das Telefonbuch zur andern, auf den Knien einen Stadtplan. Wenn ich meine Wahl getroffen und eine Route festgelegt habe – oft in die weitere Umgebung wie Algiers oder St. Bernard –, gehe ich im letzten goldenen

Tageslicht auf dem Schulhof umher und bewundere das Gebäude. Alles ist so blank: die vom Sonnenuntergang geröteten Aluminiumrahmen in der Ziegelmauer, die prächtigen Terrazzo-Fußböden und die wie Flügel geformten Pulte. Über der Tür hängt an Drähten ein stilisierter Vogel, vermutlich der Heilige Geist. Der Gedanke, daß die Ziegel, das Glas und das Aluminium aus gewöhnlichem Schmutz gewonnen wurden, gibt mir eine liebliche Idee von der Güte der Schöpfung – obwohl das ohne Zweifel weniger ein religiöses Gefühl ist als ein finanzielles, besitze ich doch ein paar Anteile von Alcoa. Wie glatt, wohlgeformt und maßgerecht sich das Aluminium anfühlt!

Aber unversehens haben sich die Dinge verändert. Meine friedvolle Existenz in Gentilly hat sich kompliziert. Heute früh, zum ersten Mal seit Jahren, erschien mir wieder die Möglichkeit einer »Suche«. Ich träumte vom Krieg, oder, besser gesagt, erwachte mit seinem Geschmack im Mund, dem Geschmack bitterer Quitten von 1951 und dem Fernen Osten. Ich erinnerte mich an das erste Mal, als die »Suche« mir begegnete. Ich kam zu mir unter einem Chindoleabusch. Für mich gilt immer das Gegenteil vom üblichen: das werde ich später noch erklären. Was allgemein als »die schönste Zeit« betrachtet wird, ist für mich die schlimmste, und dieser schlimmstmögliche Moment war einer meiner schönsten. Meine Schulter tat nicht weh, war aber gegen den Boden gepreßt, als säße jemand auf mir. Nah vor meiner Nase scharrte ein Mistkäfer unter den Blättern. In mir erwachte da beim Zuschauen eine unmäßige Neugier. Ich war etwas auf der Spur. Ich gelobte: käme ich je aus dieser Lage heraus, würde ich die Suche ständig betreiben. Natürlich vergaß ich alles, sobald ich wiederhergestellt war und heimkam. Heute morgen zog ich mich nach dem Aufstehen wie üblich an und begann wie üblich meine kleine Habe einzustecken: Brieftasche, Notizbuch (zum Niederschreiben gelegentlicher

Gedanken), Bleistift, Schlüssel, Schneuztuch, Taschenrechner (zum Berechnen der Kapitalzinsen). Diese Dinge schauten unvertraut aus, und waren zugleich voll von Hinweisen. Ich stand mitten im Zimmer und starrte durch ein Loch, gebildet aus Daumen und Zeigefinger, auf den kleinen Stapel. Unvertraut an ihnen war, daß ich sie wahrnehmen konnte. Sie hätten jemand ganz anderem gehören können. Ein Mensch kann einen solchen kleinen Stapel auf seinem Schreibtisch dreißig Jahre lang anschauen und ihn kein einziges Mal sehen. Er ist so unsichtbar wie die eigene Hand. In dem Moment jedoch, als ich ihn sah, wurde die Suche möglich. Ich badete, rasierte mich, zog mich sorgfältig an, und saß dann am Tisch und durchstöberte den kleinen Stapel nach einem Hinweis, gerade wie der Fernsehdetektiv mit seinem Bleistift die Habseligkeiten eines Ermordeten durchstöbert.

Die Idee der Suche kommt wieder, als ich unterwegs zum Haus meiner Tante bin, auf der Fahrt im Gentilly-Bus die Elysian Fields hinunter. Die Wahrheit ist: ich mag keine Autos. Sooft ich Auto fahre, habe ich das Gefühl, unsichtbar geworden zu sein. Die Leute auf der Straße können einen nicht sehen; sie starren nur auf den hinteren Kotflügel, bis der ihnen aus dem Weg ist. Die Elysian Fields sind nicht die kürzeste Route zum Haus meiner Tante. Aber ich habe meine Gründe, den Weg durch das French Quarter zu nehmen. William Holden, so stand heute früh in der Zeitung, ist in New Orleans für ein paar Filmszenen, an der Place d'Armes. Es wäre interessant, ihn für einen Augenblick zu sehen.

Es ist ein düsterer Märztag. Die Sumpffeuer von Chef Menteur lodern noch, und der Himmel über Gentilly ist aschenfarbig. Der Bus ist voll mit Shoppern, fast nur Frauen. Die Fenster sind bedunstet. Ich sitze auf dem Längssitz vorn. Neben und vor mir sitzen und stehen Frauen. Auf der langen hinteren Sitzbank sind fünf Negerinnen, so schwarz, daß sie das ganze Heck des Busses verdunkeln. Auf dem ersten Quersitz, mir zunächst, ein sehr gut aussehendes Mädchen, drall, aber nicht allzugroß, vom Kopf bis zur Zehe in Zellophan, die zurückgeschobene Kapuze überglänzt von einem Helm schwarzer Haare. Sie ist herrlich, mit ihrem gespaltenen Zahn und ihren Prinz-Eisenherz-Fransen. Graue Augen und weitgeschwungene schwarze Brauen, kräftige Arme und schöngeschwellte Waden oberhalb der Zellophanstiefel. Eine jener einzelgängerischen Amazonen, die man auf der 57. Straße in New York trifft oder im Nieman Marcus in Dallas. Unsere Blicke begegnen einander. Täusche ich mich, oder sind ihre Mundwinkel auch sonst leicht vertieft und ist der Schwung ihrer Unterlippe auch sonst so köstlich geglättet? Sie lächelt – mich an. Mein Verstand stößt sofort auf ein halbes Dutzend Schemata, den schrecklichen Moment der Trennung zu verhindern. Zweifellos ist sie aus Texas. Sie können Männer fast nie richtig einschätzen, diese leuchtenden Amazonen. Die meisten Männer haben Angst vor ihnen, und so werden sie das Opfer des ersten kleinen Mickey-Rooney-Gebildes, das ihnen in den Weg kommt. In einer besseren Welt sollte es mir möglich sein, sie so anzusprechen: Hör, Darling, du siehst, daß ich dich liebe. Wenn du im Sinn hast, so einen kleinen Mikkey zu treffen, überleg es dir besser. Welch eine Tragödie, daß ich sie nicht kenne und sie wahrscheinlich nie wiedersehen werde. Was für eine schöne Zeit könnten wir mitsammen verbringen. Noch diesen Nachmittag könnten wir die Golfküste entlangbrausen. Was für Rücksicht und Zärtlichkeit würde ich ihr beweisen! Wäre das ein Film, brauchte ich nur zu warten. Der Bus würde von seinem Weg abkommen, oder die Stadt würde zerbombt, und sie und ich würden die Verwundeten pflegen. In Wirklichkeit aber kann ich genausogut aufhören, an sie zu denken.

Das ist der Moment, da mir die Idee der Suche wieder kommt.

Ich werde davon beansprucht und vergesse für kurze Zeit das Mädchen.

Was ist das Wesen der Suche? fragen Sie.

Es ist wirklich sehr einfach, zumindest für einen wie mich; so einfach, daß es leicht zu übersehen ist.

Die Suche ist etwas, das jeder unternähme, wäre er nicht in die Alltäglichkeit seines Lebens versunken. Heute morgen zum Beispiel hatte ich das Gefühl, ich sei zu mir gekommen auf einer fremden Insel. – Und was tut solch ein Schiffbrüchiger? Er streunt herum und treibt Possen.

Sich der Möglichkeit der Suche bewußt zu werden heißt: etwas auf der Spur sein. Nichts auf der Spur sein, heißt: Verzweiflung.

Die Filme handeln von der Suche, fälschen sie aber ab. Die Suche endet da immer in Verzweiflung. Sie zeigen zum Beispiel einen Zeitgenossen, der an einem fremden Ort zu sich kommt – und was tut er? Er schließt sich mit der örtlichen Bibliothekarin zusammen, fängt an, den Kindern des Ortes zu beweisen, was für ein netter Kerl er ist, und wird ansässig. Binnen zwei Wochen ist er so sehr in Alltäglichkeit versunken, daß er ebensogut tot sein könnte.

Was suchen Sie – etwa Gott? fragen Sie lächelnd.

Ich zögere mit der Antwort, da doch alle andern Amerikaner das Problem für sich selbst gelöst haben. Eine solche Antwort liefe darauf hinaus, daß ich mir ein Ziel setzte, das sonst alle erreicht haben, und hieße also, eine Frage stellen, die niemanden auch nur im geringsten interessiert. Wer will denn auch unter 180 Millionen Amerikanern der hinterletzte sein? Denn wie jeder weiß, glauben nach den Meinungsumfragen 98 % an Gott, und die übrigen 2 % sind Atheisten und Agnostiker – was keinen einzigen Prozentpunkt für einen Sucher läßt. (Was mich betrifft, so beantworte ich Meinungsumfragen so gern wie jeder und freue mich, kluge Antworten auf alle Fragen zu geben.) Wahrhaftig: es ist die Furcht, die eigene Unwissenheit zu verraten, die mich zurückhält, das Ziel meiner Suche zu benennen. Kann ich doch nicht einmal die allereinfachste Frage beantworten: bin ich bei meiner Suche 100 Meilen vor oder 100 Meilen hinter meinen Mitbürgern? Das heißt: Haben 98 % schon gefunden, was ich suche, oder sind sie so sehr in Alltäglichkeit versunken, daß ihnen nicht einmal die Möglichkeit einer Suche begegnet ist?

Ehrlich: ich weiß keine Antwort.

Als der Bus eine Betonüberführung hinauffährt, von wo man einen schönen Blick auf New Orleans hat, merke ich, daß ich mit gerunzelter Stirn eine edle junge Wade anstarre, die in metallblaues Nylon gehüllt ist. Jetzt ist sie sich fraglos meiner bewußt: sie zerrt heftig an dem Regenmantel und schaut mich verärgert an – oder bilde ich es mir ein? Weil ich sicher sein möchte, lüfte ich den Hut und lächle ihr zu: wir könnten immer noch Freunde werden. Aber das wirkt nicht mehr. Ich habe sie für immer verloren. Mit lautem Zellophangerassel stürzt sie aus dem Bus.

Ich steige an der Esplanade aus (Geruch von Röstkaffee und Kreosote) und gehe die Royal Street hinauf. Dieser untere Teil des Quarter ist der beste. Die Eisenmuster an den Balkonen hängen durch wie ausgeleierte Spitze. Kleine französische Cottages sind hinter hohen Mauern verborgen. Durch dunstverschleierte Fahrwege kann man in Hofräume blicken, die sich in Dschungel verwandelt haben.

Heute ist mein Glückstag. Wer biegt aus der Pirate's Alley, einen halben Block vor mir? – William Holden.

Holden überquert die Royal und wendet sich zur Canal Street. Bis jetzt ist er unerkannt. Die Touristen tummeln sich entweder vor den Kunstgewerbeläden oder fotografieren die

Balkone. Sicher ist er unterwegs zum Lunch bei Galatoire's. Er ist ein attraktiver Gesell, unauffällig gut aussehend, tief sonnengebräunt. Er spaziert mit den Händen in den Taschen dahin, den Regenmantel über eine Schulter geworfen. Gerade überholt er ein junges Paar, das sich zwischen mir und ihm befindet. Nun gehen wir zu viert, in geringem Abstand. Ganz schnell habe ich ein Bild von dem Paar. Sie sind um die zwanzig und in den Flitterwochen. Keine Südstaatler. Wahrscheinlich aus dem Nordosten. Er trägt eine Jacke mit ledernen Ellbogenflicken, Röhrenhosen, angeschmutzte weiße Schuhe und geht mit dem Matrosengang der Nordstaaten-Studenten. Beide sind unscheinbar. Er hat dicke Lippen, kurzgeschnittenes, rötliches Haar und eine entsprechende Haut. Sie ist mickrig. Sie sind nicht wirklich froh. Er fürchtet, ihre Flitterwochen seien zu konventionell, sie seien ein übliches Flitterwochen-Paar. Zweifellos hat er sich vorgestellt, es könnte was sein, das Shenandoah Valley hinunter nach New Orleans zu chauffieren und den Flitterwöchnern an den Niagara-Fällen und in Saratoga aus dem Weg zu gehen. Und jetzt, 1500 Meilen von daheim, sind sie umzingelt von Paaren aus Memphis und Chicago. Er ist ängstlich; er wird bedrängt von allen Seiten. Jeder, an dem er vorbeigeht, ist ein Vorwurf, jeder Hauseingang eine Bedrohung. Was ist nur los? grübelt er. Und sie ist unglücklich, aber aus einem andern Grund – weil er unglücklich ist und sie das weiß, aber nicht weiß, warum.

Jetzt bemerken sie Holden. Die Frau stößt ihren Begleiter an. Für einen Moment wird der Mann lebhaft – aber der Anblick Holdens hilft ihm nicht wirklich. Im Gegenteil: Holdens glänzende Gegenwart macht ihm nur die eigene schattenhafte, unbelegbare Existenz deutlich. Offensichtlich ist ihm elender als je zuvor. Was für ein Geschäft, denkt er wohl, hinter einem Filmstar herzutrotten – ebenso könnten wir uns die Hälse verrenken in Hollywood.

Holden klopft die Taschen ab nach Streichhölzern. Er ist hinter einigen Damen stehengeblieben, die Eisenmöbel auf dem Trottoir betrachten. Sie wirken wie Hausfrauen aus Hattiesburg, die für einen Einkaufstag hierhergekommen sind. Er bittet um ein Streichholz; sie schütteln die Köpfe, und dann erkennen sie ihn. Verwirrung und Durcheinander. Niemand kann ein Streichholz für Holden finden. Inzwischen hat das Paar ihn eingeholt. Der junge Mann streckt ihm das Feuerzeug hin, beantwortet Holdens Dank mit einem knappen Nicken und geht weiter, ohne einen Schimmer von Erkennen zu zeigen. Holden bewegt sich einen Moment zwischen ihnen; er und der Junge reden kurz miteinander, blicken zum Himmel auf, schütteln die Köpfe. Holden schlägt ihnen auf die Schulter und geht von dannen.

Der Junge hat es erreicht! Er hat Berechtigung für die eigene Existenz gefunden, die nun so erfüllt ist wie die Holdens – indem er es vermied, zu solch einer Rotte zu gehören wie die Damen aus Hattiesburg. Er ist ein Bürger wie Holden; sie sind zwei Weltmänner. Ganz unversehens steht die Welt ihm offen. Niemand droht mehr aus einem Patio heraus oder aus einer Sackgasse. Auch sein Mädchen ist ihm wieder zugänglich. Er legt ihr den Arm um den Nacken, ribbelt ihren Kopf. Auch sie fühlt die Veränderung. Sie hat nicht gewußt, was los war, ahnt auch nicht, wie es sich wieder gefügt hat, doch jetzt weiß sie: alles ist gut.

Holden ist in die Toulouse Street abgebogen und strahlt im Gehen ein Licht aus. Eine Aura erhöhter Wirklichkeit bewegt sich mit ihm, und alle, die da hineingeraten, fühlen sie. Nun bemerkt ihn jeder. Er zieht förmlich einen Strudel zwischen den Touristen und den Barkeepern und -mädchen, die an die Türen der Lokale gerannt kommen.

Ich fühle mich hingezogen zu Filmstars, aber nicht aus den

üblichen Gründen. Ich habe kein Verlangen, Holden anzusprechen oder sein Autogramm zu kriegen. Es ist ihre besondere Wirklichkeit, die mich beschäftigt. Der junge Yankee ist sich ihrer wohlbewußt, auch wenn er getan hat, als kennte er Holden nicht. Selbstverständlich würde er nichts lieber tun, als Holden auf die beiläufigste Weise zu seinem Verbindungshaus mitnehmen. »Bill, ich möchte Ihnen Phil vorstellen. Phil, Bill Holden«, würde er sagen und im besten Matrosengang zur Seite schlendern.

Es ist Lunchzeit in der Canal Street. Eine Parade zieht vorbei, aber niemand schaut besonders hin. Es ist noch eine Woche bis zum Mardi Gras, und es handelt sich um eine neue Parade, eine Frauen-»krewe« aus Gentilly. Eine *krewe* ist eine Gruppe von Leuten, die zur Karnevalszeit zusammenkommen und eine Parade und einen Ball veranstalten. Jedermann kann eine Krewe bilden. Natürlich bestehen die berühmten alten Krewes wie Comus, Rex und Twelfth Night weiter fort, aber es gibt Dutzend andere. Vor kurzem bildete eine Gruppe von »Syrern« aus Algiers eine Krewe namens Isis. Die Krewe heute muß die von Linda sein. Ich habe versprochen, sie anzuschauen. Rote Traktoren ziehen die Festwagen; Gerüste knarren, Papier und Leinwände zittern. Ich vermute, daß Linda unter dem halben Dutzend Schäferinnen ist, die kurze Faltenröcke tragen und Sandalen mit über den bloßen Waden gekreuzten Riemen. Aber ich bin nicht sicher, denn sie sind maskiert. Wenn Linda darunter ist, dann sind mir ihre Beine schon schöner vorgekommen. Alle zwölf Beine haben eine Gänsehaut. Ein paar Geschäftsleute bleiben stehen, um die Mädchen zu betrachten und Flitterzeug aufzufangen.

Ein warmer Südwind türmt die Wolken auf und trägt ein fernes Gerumpel herbei, das erste Gewitter des Jahres. Die Straße wirkt gewaltig. Die Leute erscheinen in der Entfernung winzig und archaisch, wie Fußgänger auf alten Drucken. Täusche ich mich, oder hat sich ein Nebel von Beklommenheit, ein dünnes Gas von Unbehagen auf die Straße gesenkt? Die Geschäftsleute eilen zurück in ihre Büros, die Shopper zu ihren Autos, die Touristen zu ihren Hotels. O William Holden: wir brauchen dich wieder. Schon wird das Gewebe fadenscheinig ohne dich.

Das Dunkel vertieft sich. Zehn Minuten stehe ich und rede mit Eddie Lovell, und als wir uns schließlich die Hand geben und auseinandergehen, könnte ich nicht die kleinste Frage darüber beantworten, was da gerade gewesen ist. Wie ich Eddie zuhöre, der selbstverständlich und stetig von einer Sache nach der andern redet – dem Geschäft, seiner Frau Nell, dem alten Haus, das sie gerade auffrischen –, ordnet sich das Gewebe zu einem klaren Muster aus Investitionen, Familienprojekten, lieblichen alten Häusern, ein bißchen Lektüre von Theaterstücken usw. Es überkommt mich: das ist nicht das Leben. Mein Exil in Gentilly ist die schlimmste Selbsttäuschung gewesen.

Ja! Schauen Sie ihn an. Während er redet, schlägt er eine gefaltete Zeitung gegen das Hosenbein, und seine Augen betrachten mich und erkunden zugleich das Terrain hinter mir: es entgeht ihnen da nicht die kleinste Bewegung. Ein grüner Laster biegt in die Bourbon Street hinab; die Augen schätzen ihn ein, stoppen ihn, verlangen die Papiere, winken ihn weiter. Ein Geschäftsmann geht ins Maison Blanche; die Augen wissen von ihm, wissen sogar, was er vorhat. Und die ganze Zeit redet er, nach allen Regeln der Kunst. Die Lippen bewegen sich kräftig, modellieren aus den Wörtern zierliche Formen, ordnen die Argumente und bleiben während der kurzen Pausen gleichsam in Schwebe, zu einem attraktiven Charles Boyer-Mund geschürzt – während in einem Winkel sich ein wenig Speichelgewebe ansammelt wie das klare Öl einer guten Maschine. Nun klimpert er mit den Münzen in der Tasche. An ihm ist nichts Dunkles! Er ist so selbstverständlich wie ein Hühnerhund, der über ein Feld läuft. Er versteht hier alles, und alles hier kann verstanden werden.

Eddie betrachtet den letzten Festwagen, ein unklares Gebilde mit einem zerquetschten Füllhorn.

»Wir sollten Besseres zeigen.«

»Das werden wir auch.«

»Gehst du zum Neptunball?«

»Nein.«

Ich schenke Eddie meine vier Karten zum Neptunball. Er hat immer das Problem mit den auswärtigen Kunden (in der Regel Texaner), besonders mit ihren Ehefrauen. Eddie bedankt sich – und auch für etwas andres.

»Danke, daß du mir Mr. Quieulle geschickt hast. Ich bin dir dafür wirklich verpflichtet.« Eddie versinkt geheimnistuerisch in sich selbst, die Augen glitzern aus der Tiefe.

»Sag mir nicht –«

Eddie nickt.

»– daß er dich als Vermögensverwalter eingesetzt hat und dann gestorben ist?«

Eddi nickt, immer noch in sich versunken. Er beobachtet mich aufmerksam, verhalten, bis ich ihn verstehe.

»In Mrs. Quieulles Namen?«

Wieder nickt er, den Unterkiefer vorgestreckt. Der gleiche tanzende Blick, fast schadenfroh. Seine Zunge krümmt sich und sucht die Wangenhöhlung.

»Ein trefflicher alter Mann«, sage ich zerstreut und merke dann, daß Eddie feierlich wird wie ein Bischof.

»Ich möchte dir etwas sagen, Binx. Es ist mir eine Ehre, ihn gekannt zu haben. Ich bin nie jemandem begegnet, ob jung oder alt, der ein größeres Wissen hatte. Dieser Mann redete zu mir zwei Stunden über die Geschichte der Zuckerkristallisation, und es war ein reiner Abenteuerroman. Er hat mich verzaubert.«

Eddie beteuert mir, wie sehr er meine Tante und meine Cousine Kate bewundert. Vor mehreren Jahren war Kate verlobt mit Eddies Bruder Lyell. Am Vorabend der Hochzeit kam Lyell bei einem Unfall um; Kate war dabei und überlebte. Nun fixiert mich Eddie, sein baumwollweiches Haar fliegt im Wind. »Ich habe noch keinem erzählt, was ich von dieser Frau denke –« Er nimmt sich mit Absicht das Wort »Frau« heraus, um es zu berichtigen durch das folgende Kompliment: »Ich halte mehr von Miß Emily – und von Kate – als von sonst einem auf der Welt, außer meiner Mutter und meinem Weib. Wieviel Gutes diese Frau getan hat.«

Er murmelt, wie schön Kate sei; nach Nell sei sie, etc. – und das ist eine Überraschung, denn meine Cousine Nell Lovell ist eine unscheinbare Person.

Die Parade ist zu Ende; der Schlag einer letzten Trommel.

»Was gibt es bei dir Neues?« fragt Eddie und schlägt mit der Zeitung gegen sein Hosenbein.

»Nicht viel«, sage ich und merke, daß Eddie nicht zuhört.

»Komm uns besuchen, mein Lieber. Ich möchte, daß du siehst, was Nell geleistet hat.« Nell hat Geschmack. Die beiden kaufen unablässig in der Umgebung Reihenhäuser auf, richten sie wieder her, mit Jalousien im Badezimmer, Saloon-Schwingtüren für die Küche, alten Ziegeln und einem Zuckerfaß für den Hinterhof, und verkaufen sie nach ein paar Monaten mit großem Profit.

Die Wolke wird blau und drückt auf uns nieder. Nun erscheint die Straße als ein geschlossener Raum; die Ziegel an den Gebäuden glimmen mit einem gelben, wie gespeicherten Licht. Ich schaue auf die Uhr: zu meiner Tante kommt man nicht zu spät. Im selben Moment streckt mir Eddie die Hand hin. – Bevor er mich gehen läßt, beugt er sich her und fragt in einem eigentümlichen Tonfall nach Kate.

»Es scheint ihr gutzugehen, Eddie. Sie ist ruhig und zufrieden.«

»Ich bin so froh darüber, mein Lieber.« Ein letztes Händeschütteln, auf und ab, wie ein Ruder.

2

Mercer macht mir die Tür auf. »Sieh da!« Er spielt Erstaunen und tritt geschmeidig zur Seite. Heute sagt er nicht »Mr. Jack«, und dieses Versäumnis ist Absicht: die Folge eines sorgfältigen Abwägens des Für und Wider. Morgen werden die Zeiger vielleicht in die andre Richtung ausschlagen (die heutige Unterlassung wird dazu beitragen), und er wird mich Mr. Jack nennen.

Aus irgendeinem Grund sehe ich Mercer heute klarer als gewöhnlich. Sonst ist er fast unsichtbar vor Unterwürfigkeit. Er hat meinem Großvater im Feliciana Parish gedient, bevor ihn Tante Emily nach New Orleans brachte. Man glaubt, er sei uns ergeben (und wir ihm). Aber in Wahrheit sind Mercer und ich einander gar nicht ergeben. Ich fühle mit ihm vor allem Unbehagen: er könnte bei seinem Lavieren zwischen Servilität und Dünkel einmal ausrutschen. Ich gebe acht auf Mercer – nicht er auf mich.

Er ist ein eingebildeter sandfarbener Neger mit rasiertem Schädel und einem würdigen Menjou-Schnurrbart. Hinter dem Schnurrbart aber ist sein Gesicht gar nicht devot, sondern launisch wie das eines Schlafwagenschaffners. Meine Tante hat ihn aus Feliciana mitgebracht, doch er hat sich seitdem geändert. Er ist jetzt nicht nur ein Stadtmensch, sondern auch »Mrs. Cutrers

Butler« und regiert als solcher über eine wechselnde Haushaltstruppe von New Orleans-Negerinnen, Jamaikanerinnen und zuletzt Honduranerinnen. Er ist sich seiner Position bewußt und pflegt seine Aussprache, indem er seine R-s und -ings betont und seine I-s im Harlem-Stil in die Länge zieht.

Trotz des grauen Tages ist der Wohnraum hell. Freilich ist er nicht heimelig. Die Fenster reichen bis zur Decke, und das Grau des Himmels dringt herein.

Mercer legt Kohle auf die blakenden Späne. Seine weiße Jakke, steifgestärkt wie eine Panzerrüstung, knistert und knackt. In seinem Nacken bilden sich Wülste. Er verteilt die Kohlen sorgfältig, seine Hand bewegt sich langsam, wie unverwundbar, durch die Flammen. Den Kopf zurückgeworfen, atmet er schwer durch den Mund; hält den Atem an, wenn er ein Kohlenstück hinlegt, stößt ihn dann zischend aus.

Wir könnten wieder in Feliciana sein. Das sind genau die Geräusche der Wintermorgen in Feliciana vor zwanzig Jahren, als eine kalte, düstere Dämmerung angezeigt wurde von dem Klappern des Kohlenkübelgriffs und Mercers Geschnauf.

Der Raum ist eigentlich schön und sonst durchaus heiter, mit seinen Buchwänden, seinem Bokhara, der glänzt wie ein Juwel, und seinen dunkelnden Porträts. Die Prismen des Leuchters blinken rot im Feuerschein. Über den Seidenholztisch gestreut die üblichen Revuen und, wie immer, der große Folioband *Das Leben des Buddha*. Meine Tante sagt oft, sie sei dem Gefühl nach Episkopalianerin, ihrer Natur nach Griechin und der eigenen Wahl nach Buddhistin.

Mercer spricht zu mir.

»– aber sie haben noch nicht die Fabriken und die Produktionsausrüstung, die wir haben.«

Mercer möchte also die Weltlage bereden. Ich rede willig mit, obwohl er sicher mehr darüber weiß. Weder schaut er das Feuer an noch mich, steht vielmehr in einer Art Niemandsland: in der Hand den Kohlenkübel, einen Fuß zur Tür gerichtet; weder ist er da, noch geht er hinaus.

Mercer hat sich in den letzten Jahren irgendwie aufgelöst. Es ist nicht leicht zu sagen, wer er ist. Meine Tante liebt ihn und sieht in ihm einen treuen Gefolgsmann, eine lebendige Verbindung mit einem vergangenen Zeitalter. Sie erzählt von Mercers Ergebenheit für Dr. Wills: wie er Tage nach dessen Tod mit tränenüberströmtem Gesicht herumging. Das bezweifle ich nicht. Aber ich weiß bestimmt, daß Mercer sie regelmäßig bestiehlt, indem er vom Personal und den Lieferanten Provision einbehält. Man kann ihn jedoch nicht als einen plumpen Dieb bezeichnen. Mercer ist auf etwas aus. Wie sieht er sich wohl selber? Wenn es ihm gelingt, sich selber zu sehen, dann als einen bemerkenswerten Zeitgenossen, als einen Mann, der über Politik und Wissenschaft auf dem laufenden ist. Deshalb fühle ich mich immer unbehaglich, wenn ich mit ihm rede. Es widerstrebt mir, wie seine Vision von sich selber sich auflöst und er sich weder als »alten Getreuen« sieht noch als einen Experten für Aktualität. Seine Augen trüben sich dann, und das Gesicht zieht sich zusammen wie der Schnurrbart. Vorige Weihnachten habe ich nach ihm gesucht, in seinen Kammern oberhalb der Garage. Er war nicht da, doch auf seinem Bett lag ein abgegriffener Band, herausgegeben von den Rosenkreuzlern: *Von der Kunst, deine geheimen Kräfte zu nutzen.*

Während der arme Mercer sich zur Weltlage äußert, trete ich näher an den Kaminsims. Da sind die Cutrers aus ihrem »Großen Jahr«. Onkel Jules war Rex, Kate war die Neptunkönigin, und Tante Emily bekam den Preis der *Times-Picayune* für ihre Arbeit mit dem Home Service. Alle Welt sagte, Kate sei eine liebliche Königin gewesen, aber das stimmt nicht. Wenn Kate sich das Haar wellen läßt und ein Abendkleid anzieht, wirkt sie unelegant; das Gesicht auf dem Photo ist platt wie ein Pudding.

Ein Photo schaue ich immer wieder an. Schon zehn Jahre betrachte ich es da auf dem Sims und versuche, es zu begreifen. Nun nehme ich es herunter und halte es in das Licht des sich verdüsternden Himmels. Es zeigt die zwei Brüder, Dr. Wills und Judge Anse, einer den Arm um die Schultern des andern, und meinen Vater vorn; alle drei auf einem Bergpfad vor einem dunklen Wald. Es ist der Schwarzwald. Ein paar Jahre nach dem ersten Krieg hatten sie sich zusammengetan für die große Tour. Nur Alex Bolling fehlt – er ist auf einem andern Bild: ein erstaunlich gutaussehender junger Mann mit einem Rupert Brooke-Galahad-Gesicht, das man so oft auf Photographien von Soldaten aus dem Ersten Weltkrieg findet. Sein Tod in den Argonnen (fünf Jahre zuvor) galt als eine »Übereinstimmung«, weil auch der Vorfahr Alex Bolling umgekommen war, mit Roberdaux Wheat, beim Hood-Durchbruch bei Gaines Mill 1862. Mein Vater trägt eine Verbindungsjacke und einen Strohhut. Er sieht anders aus als die Brüder. Auch Alex wirkt viel jünger, und doch als einer von ihnen. Mein Vater nicht. Es ist schwer zu sagen, warum nicht. Die älteren Bollings – und Alex – ruhen in sich. Jeder stimmt mit sich überein, so wie die Lärchen auf der Photographie mit sich übereinstimmen: Judge Anse mit seinem Hängeschnurrbart und den dünnen kalten Wangen, der Hartäugige, der legendär geworden ist, weil er einen Gouverneur von Louisiana einen hinterwäldlerischen Hurensohn nannte; Dr. Wills, der Löwenhäuptige, das unordentliche Landgenie, das eine immer noch gebräuchliche Darmverknüpfungstechnik entwickelte; und Alex, ruhend in seinem Traum von Jugend und vom künftigen Heldentod. Aber mein Vater gehört nicht zu ihnen. Seine Füße sind weit auseinandergestellt, die Hände hinten um einen Bergstock geschlossen; aus dem zurückgeschobenen Strohhut schaut eine Stirnlocke. Seine Augen sind hell, mit einem Ausdruck, den ich nicht beschreiben kann; früher hätte man dazu vielleicht »neunmalklug« gesagt. Er hat etwas von einem Stutzer, mit seinem runden Kopf und dem raffinierten Kragen. Und ist doch einer von ihnen: 1940 trat er in die kanadische Luftwaffe ein und starb, bevor sein Land in den Krieg eintrat. Über Kreta; im weinfarbenen Meer; ein Exemplar des »Shropshire Lad« in der Tasche; getötet von einem anderen boche. Wieder suche ich die Augen: jedes ein verschwommenes Oval mit ein oder zwei Punkten. Ohne Zweifel: der Blick ist ironisch.

»Habe ich recht?« fragt Mercer, immer noch in seiner Niemandslandhaltung, einen Fuß zum Feuer gerichtet, den andern zur Tür.

»Ja, Sie haben recht. Einseitige Abrüstung wäre eine Katastrophe.«

»Was für ein Geschwätz.« Meine Tante kommt lächelnd herein, den Kopf zur Seite geneigt, die Arme ausgestreckt. Ich stoße einen erleichterten Pfiff aus und merke, wie auch ich vergnügt lächle, in Erwartung eines ihrer Angriffe, die spaßhaft, zum Teil aber auch ernstgemeint sind. Sie nennt mich undankbar, eine Ausgeburt der Hölle, den letzten und trübsten Sproß eines edlen Geschlechts. Komisch wird es dadurch, daß es wahr ist. In einem Augenblick habe ich die Jahre in Gentilly vergessen, sogar meine Suche. Wie immer fangen wir dort an, wo wir zuletzt aufgehört haben. Hier ist schließlich mein Platz.

Meine Tante hat viel für mich getan. Nach dem Tod meines Vaters ging meine Mutter, als ausgebildete Krankenschwester, zurück in ihr Krankenhaus nach Biloxi. Meine Tante bot sich an, mich zu erziehen. So habe ich den Großteil der letzten fünfzehn Jahre in ihrem Haus verbracht. Eigentlich ist sie meine Großtante. Aber sie ist so viel jünger als ihre Brüder, daß sie leicht die Schwester meines Vaters sein könnte – oder eher die Tochter aller drei Brüder, denn in ihrer eigenen Erinnerung ist sie immer noch deren großer Liebling, das Maskottchen eines wilden alten Kriegerstamms und von diesem sicher nie ganz ernst genommen, auch nicht in der Auflehnungsperiode, als sie den Süden verließ, in einem Wohlfahrtsinstitut in Chicago arbeitete und, wie so viele distinguierte Südstaatendamen, fortschrittliche Ideen annahm. Nachdem sie jahrelang der bunte Vogel gewesen war, den ihre Brüder gewähren ließen und sogar so haben wollten (der Höhepunkt ihrer Karriere war der Dienst als Freiwillige im Spanischen Bürgerkrieg, wo ich sie mir nur als eine teuflisch gutwillige, den Spaniern ganz unbegreifliche Yankee-Lady vorstellen kann), traf sie Jules Cutrer und heiratete ihn – einen Witwer mit Kind – binnen sechs Monaten, ließ sich im Garden District nieder und wurde so tüchtig und gewichtig wie ihre Brüder. Sie ist kein »Vogel« mehr. Wie es scheint, kann sie nach dem Tod der hervorragenden Brüder endlich das sein, was diese gewesen sind und was ihr als Frau verwehrt war: soldatisch innen und außen. Mit ihrem bläulichen Haar, dem scharfen, beweglichen Gesicht und den außerordentlich grauen Augen ist sie, fünfundsechzigjährig, immer noch gleichsam der junge Prinz.

Es kommt wie erwartet. Sofort sind wir durch die Halle in ihrem Büro, wo der Ort ist für ihre »Gespräche«. Eins ist sicher: es gibt schlechte Neuigkeiten über Kate. Ginge es um mich, würde meine Tante mich nicht anschauen. Sie würde, einen Finger gegen die Lippen gepreßt, in die bienenstockähnlichen Nischen ihres alten Schreibtisches starren. Statt dessen zeigt sie mir etwas und beobachtet, was ich daran sehe. Ihr Blick auf mir wirkt freilich wie eine Trübung. Jedenfalls zwischen uns steht eine Kiste staubiger Flaschen – ja, Flaschen; aber meine Wahrnehmungsstörung macht mich unsicher.

»Siehst du diese Whiskyflaschen?«

»Yes, ma'am.«

»Auch die da?« Sie reicht mir eine längliche braune Flasche.

»Ja.«

»Weißt du, wo sie herkommen?«

»No'm.«

»Mercer hat sie gefunden, oben auf einem Schrank.« Sie zeigt geheimnisvoll zur Decke über uns. »Er hat da Rattengift ausgestreut.«

»In Kates Zimmer?«

»Ja. Was hältst du davon?«

»Das sind keine Whiskyflaschen.«

»Was sonst?«

»Wein. Gipsy Rose. Der wird in so flache Flaschen gefüllt.«

»Lies das.« Sie deutet mit dem Kopf auf die Flasche in meiner Hand.

»Natriumpentobarbital. Eineinhalb Gran. Eine Großhandelsflasche.«

»Wir haben sie in der Müllverbrennungsanlage gefunden. Es ist die zweite in einer Woche.«

Ich schweige. Meine Tante nimmt ihren Platz am Schreibtisch ein.

»Ich habe es Walter nicht erzählt. Auch Jules nicht. Ich bin nicht ernstlich beunruhigt. Kate ist stark. Sie wird durchkommen. Und sie und Walter werden glücklich sein. Aber die Zeit drängt, und das macht sie ein bißchen nervös.«

»Glaubst du, daß sie Angst vor einer neuen Katastrophe hat?«

»Sie hat Angst vor einer allgemeinen Katastrophe. Aber es ist nicht das, was mich beunruhigt.«

»Was denn?«

»Ich möchte nicht, daß sie hier im Haus herumhängt.«

»Arbeitet sie denn nicht mehr mit dir drinnen in der Stadt?«
»Schon seit zwei Wochen nicht mehr.«
»Geht sie zu Dr. Mink?«
»Sie weigert sich. Sie meint, wenn sie zum Arzt geht, wird sie krank.«
»Was soll ich tun?«
»Sie will nicht zum Ball. Meinetwegen – aber es ist wichtig, daß sie nicht in einen Bereich gerät, wo es dann immer schwieriger wird, Leute zu treffen.«
»War sie mit niemandem zusammen?«
»Mit niemandem außer Walter. Bitte, nimm sie mit zu den Lejiers, schaut euch von der Veranda die Parade an. Es ist keine Party. Man muß nichts mitmachen. Ihr werdet dazukommen, reden oder auch nicht, und verschwinden.«
»So schlecht geht es ihr?«
»Es geht ihr gar nicht schlecht. Es soll ihr nur nicht später schlecht gehen.«
»Und Walter?«
»Er ist der Kapitän der Krewe. Er kann da nicht mehr weg. Und ich bin froh darüber. Weißt du, was ich von dir möchte? Daß du all das tust, was du getan hast, bevor du von hier weg bist. Rauf mit ihr, sei albern mit ihr, bring sie zum Lachen. Du und Kate, ihr seid doch immer gut miteinander ausgekommen. Wie auch Sam. Wußtest du, daß Sam am Sonntag hier sein wird, um im Forum zu sprechen? Ich möchte, daß er mit Kate redet. Du und Sam, ihr seid die einzigen, auf die sie hört.«

Meine Tante ist großzügig. In Wahrheit meint sie, daß Sam der Retter sein wird und daß ich hoffentlich einspringe, bis er kommt.

3

Es ist eine Überraschung, Onkel Jules beim Mittagessen zu Hause anzutreffen. Im letzten Herbst hatte er einen schweren Herzanfall, von dem er sich freilich so gut erholt hat, daß er seit Weihnachten wieder den Mittagsschlaf ausläßt. Er sitzt zwischen Kate und Walter und gibt sich so unbeschwert und angenehm, daß sogar Kate lächelt. Schwer zu glauben, daß etwas nicht in Ordnung ist; vor allem die Flaschen scheinen grotesk. Onkel Jules freut sich, mich zu sehen. Im letzten Jahr habe ich mein einziges besonderes Talent entdeckt: Geldverdienen. Es gelingt mir, fast alle Aktien zu verkaufen, die Onkel Jules zeichnet. Überdies glaubt er, daß ich die Januar-Schleuderpreise vorausgesagt habe, und behauptet sogar, er habe nach meinen Angaben einige Aktien-Zeichnungen beschleunigen können. Das findet er erfreulich und begrüßt mich immer mit einem heftigen Zwinkern, als seien wir Spießgesellen und könnten jeden Moment geschnappt werden.

Er und Walter sprechen über Football. Es ist der Traum von Onkel Jules, die großen Tage des Tulane-Footballteams wiederzuerleben. Ich höre gern zu, weil auch ich Football mag, und besonders gern höre ich Onkel Jules über die Epoche von Jerry Dalrymple, Don Zimmermann und Billy Banker erzählen. Wenn er einen »goal-line stand« von 1932 gegen die Mannschaft der Louisiana State University beschreibt, scheint King Arthur im blutroten Sonnenuntergang fest gegen Sir Modred und die Verräter zu stehen. Walter war einmal Manager des Teams, und so halten er und Onkel Jules zusammen wie Diebe.

Onkel Jules ist ein umgänglicher Mensch. Der dicke graue Haarschopf über dem kreolischen Pferdegesicht ist so kurzgeschnitten wie der eines Collegestudenten. Es gefällt mir, wie sein Hemd seinen Körper umgibt. An meinen Hemden ist immer etwas falsch: sie sind am Kragen zu eng, oder um die Mitte zu weit. Onkel Jules' Kragen legt sich um den Nacken wie ein Band; die Ärmelaufschläge, gefaltet wie Servietten, schauen ein bißchen aus der Jacke hervor: gerade richtig. Und erst die Hemdbrust: manchmal überkommt mich das Bedürfnis, die Nase in diese schneeige Ausdehnung weicher, feingesponnener Baumwolle zu vergraben. Von den Menschen, die ich kenne, ist Onkel Jules der einzige uneingeschränkt glückliche. Er hat sehr viel Geld verdient, er hat sehr viele Freunde, er war der Rex des Mardi Gras, und er gibt gern her, von sich und seinem Geld. Er ist ein beispielhafter Katholik, doch es ist unverständlich, warum er sich diese Mühe macht. Denn seine irdische Welt ist so liebreich, daß die himmlische Welt ihm wenig versprechen kann. Ich sehe seine Welt mit seinen Augen, sehe, warum er sie liebt und sie so lassen will, wie sie ist: als einen unbeschwerten Ort mit dem Charme der Alten Welt und den Geschäftsmethoden der Neuen, wo nette Weiße und sorglose Dunkelhäutige miteinander gut umzugehen wissen. Nie verdüstert sich sein Gesicht, außer wenn jemand die Rede auf das vorjährige Tulane-L. S. U.-Match bringt.

Ich erwähne, daß ich Eddie Lovell gesehen habe.

»Armer Eddie«, seufzt meine Tante wie üblich und fügt, wie üblich, hinzu: »Wie traurig, daß Ehrenhaftigkeit auf dem Markt so wenig gilt.«

»Ist sie wieder nach Natchez?« fragt Onkel Jules mit komisch langgezogenen Lippen.

Walter Wade lauscht aufmerksam. Er ist noch nicht vertraut mit der verkürzten Redeweise der Bollings. »Sie« ist Eddies Schwester Didi; »nach Natchez« ist eine Anspielung auf Didis Eskapaden. Vor mehreren Jahren, während Didis erster Ehe, soll sie die Natchez-Wallfahrt mitgemacht haben, in Gesellschaft einiger anderer Paare und »weggeschickter Ehemänner«.

»O ja«, sagt meine Tante grimmig. »Öfters.«

»Ich dachte, die Wallfahrt ist erst im April«, sagt Walter mit einem wachsamen Lächeln.

Kate schaut finster auf die Hände in ihrem Schoß. Heute hat sie ihren braunäugigen Blick. Manchmal dehnt sich ihre Iris zu einer Scheibe. Ich erinnere mich an jenes andere Mal, als meine Tante mich bat, mit Kate zu »sprechen«. Als Kate zehn war und ich fünfzehn, fing meine Tante an, sich um sie zu sorgen. Kate war ein liebes Mädchen, gut in der Schule, aber sie hatte keine Freundinnen. Statt in der Pause zu spielen, machte sie die Aufgaben und saß bis zum Beginn der nächsten Stunde still am Pult. Ich spielte das Spiel, das meine Tante wohl von mir wünschte. »Kate«, sagte ich in der sokratischen Manier meiner Tante: »Du hältst dich für die einzige schüchterne Person auf der Erde. Glaub mir: das bist du nicht. Ich werde dir erzählen, was mir einmal passiert ist«, usw. Aber Kate hat mich nur angeschaut, mit dem gleichen braunäugigen Blick, die Iris zu einer Scheibe gedehnt.

Mercer reicht die Maissticks herum, hält jedesmal den Atem an und stößt ihn mit einem erstickten Geräusch wieder aus.

Walter und Jules versuchen mich zu überreden, daß ich beim Neptunball mitmache. Meine Tante betrachtet mich mißbilligend. Bei all ihren Scherzen hat sie eine große Achtung vor den Karnevalkrewes, wegen deren Nutzen für Geschäft und gesellschaftliches Leben. Sie sitzt da in ihrer fürstlichen Haltung, die Schläfe auf drei Finger gestützt.

»Was für ein entwurzeltes und verlottertes Individuum«, sagt sie wie üblich. Aber sie ist nicht bei der Sache; ihre Gedanken sind bei Kate. »Blöd geworden vom Sherry.«

»Was ich bin, Hal, verdanke ich Euch«, sage ich wie üblich und löffle die Suppe.

Kate ißt mechanisch, starrt ins Zimmer wie jemand in einem

Automatenrestaurant. Walter ist seiner selbst jetzt sicher. Seine Augen beginnen boshaft zu glänzen.

»Meinen Sie nicht auch, wir sollten ihn gar nicht mittun lassen, Mrs. Cutrer? Wir arbeiten, und er hat den Gewinn, wie ein Pfandleiher in der Dryades Street.«

Meine Tante steigert sich und wird zum Fürsten selbst.

»Welch hervorragendes Paar«, sagt sie zu Kate und beobachtet sie genau; uns übersieht sie. »Die Barbaren stehen vor den Toren – und wer verteidigt den Westen? Don Juan d'Austria? Nein, Mr. Bolling, der Aktienmakler, und Mr. Wade, der Rechtsanwalt. Mr. Bolling und Mr. Wade als Verteidiger des Glaubens, Sitze der Weisheit, Spiegel der Gerechtigkeit. O, ich hätte nichts dagegen, wenn sie in ihrer Verderbtheit ein bißchen Geist zeigten. Aber sieh sie dir an: Rosenkrantz und Güldenstern.«

Es fällt mir ein, wie eindrucksvoll Walter auf dem College war, wie *älter* er damals aussah. Jetzt wirkt er krank, mit hohlen Schläfen; dabei ist er ganz gesund. Graue Haifischhaut und schwere Lider; eine Locke im MacArthur-Stil in die Stirn gekämmt. Er stammt aus Clarksburg, hat an der Tulane Universität studiert und sich nach dem Krieg in New Orleans niedergelassen. Jetzt, mit dreiunddreißig, ist er der Seniorpartner eines neuen Rechtsanwaltsbüros, Wade & Molyneux; Spezialität: Erdölpachtrecht.

»Mr. Wade«, fragt meine Tante, »sind Sie ein Sitz der Weisheit?«

»Yes, ma'am, Mrs. Cutrer.«

Es ist komisch, wie Walter immer den Stil des »brillanten jungen Rechtsanwalts« annimmt, indem er einer alten Dame nachredet und ihr ein gutes Bild von sich gibt – während sie ohnehin ein gutes Bild von ihm hat. Seine alten Damen in West Virginia waren wohl anders. Seltsam: meine Tante beobachtet Kate und übersieht doch die Sturmwarnung. Kates Kopf senkt sich, bis das braune, kurzgeschnittene Haar ihr über die Wangen fällt. Walters Augen werden weiter und aufmerksamer, sein Lächeln wölfischer (ein Soldat, der seinen Weg durch ein Minenfeld sucht) – und Kate erzeugt mit den Zähnen ein klickendes Geräusch und geht plötzlich aus dem Zimmer.

Walter folgt ihr. Meine Tante seufzt. Onkel Jules sitzt unbekümmert. Er glaubt, daß in seinem Haus nichts passieren kann. Das Auf und Ab seines Haushalts besteht er lächelnd, ohne je eine Miene von Unbehagen. Sogar Kates Zusammenbruch hat er hingenommen als das übliche Mißgeschick, von dem empfindsame Mädchen befallen werden. Das kommt von seinem Vertrauen zu Tante Emily. Solange sie die Herrin seines Hauses ist, wirkt das Schlimmste, selbst der Tod, nur als etwas Geziemendes.

Jetzt macht er sich auf ins Büro. Meine Tante redet draußen mit Walter. Ich sitze im leeren Eßzimmer und denke an nichts. Zum Nachtisch schließt sich Walter mir an. Als Mercer dann den Tisch abräumt, geht Walter zu dem Langfenster und schaut hinaus, die Hände in den Taschen. Ich stelle mich darauf ein, ihn wegen Kate zu beruhigen, aber es stellt sich heraus, daß es nicht Kate ist, die ihn beschäftigt, sondern die Neptunkrewe.

»Du solltest noch einmal drüber nachdenken, Binx.« Seine Stimme ist noch belebt von dem Gespräch mit Onkel Jules. »Wir sind eine verdammt gute Gruppe.« Vor zehn Jahren hätte er das Wort »Asse« gebraucht: so haben wir in den vierziger Jahren die feinen Kerle genannt. »Vielleicht wirst du mir widersprechen, aber nach meiner Meinung ist es die beste Karnevalkrewe überhaupt. Wir sind keine Emporkömmlinge, andrerseits auch keine alten Fürze – und (das fügt er in Gedanken an Onkel Jules eilig hinzu) unsere älteren Männer kommen aus den zehn bekanntesten und bestbetuchten Familien von

New Orleans.« Walter würde nie das Wort »reich« gebrauchen; das Wort »betucht«, von ihm ausgesprochen, gemahnt an ein würziges, großzügiges Leben, an einen wohlig dicken Wandteppich, durchschossen mit dem hellen Faden der Freiheit. »Es würde dir wirklich gefallen, Jack. Ich meine das ernst. Ich versichere dir ausdrücklich: jeder einzelne von uns wäre erfreut, dich zurückzuhaben.«

Walter ist immer noch so gutangezogen wie auf dem College, und er sitzt, steht und schlendert herum mit derselben Anmut. Immer noch trägt er sommers und winters dicke Socken, um seine dünngeäderten Knöchel zu verstecken, und kreuzt immer noch die Beine übereinander, um die Waden kräftiger erscheinen zu lassen. Auf dem College war er einer jener Seniorstudenten, die von den Anfängern als Vorbild ausgesucht werden: er war Phi Beta Kappa, ohne sich dafür abzuquälen, und Campusvorsitzender, ohne darauf aus gewesen zu sein. Aber vor allem war er zuständig für den Geschmack. Wir Neulinge brauchten ihn nur im Verbindungshaus sitzen zu sehen, den Hut auf dem Kopf und ein mageres Knie an sich gezogen, und der Sitz- und Hutstil stand fest. Der Hut mußte eine besondere Art von schmalkrempigem, braunen Filz sein, zu einer hohen Pyramide gefaltet, und außerdem sollte durch viel Fingern die Spitze abgetragen wirken. Er pflegte den Anwärtern Spitznamen zu geben. In jenem Jahr gefielen ihm »Kopf«-Bezeichnungen. Wenn die Bewerber vor ihm aufgestellt waren, lehnte er sich mit angezogenem Knie zurück und schob mit dem Daumennagel den Hut aus der Stirn. »Du da, du bist für mich der Schafskopf; du, der gerade redet, bist der Quatschkopf; du bist der Fleischkopf; du der Tütenkopf; du der Nadelkopf.« Ein Jahr nach meinem Beitritt zu der Verbindung hoffte ich ihm zu gefallen mit dem entsprechend herb-absurden Spruch, der mir den Zugang zu seinem Kreis gewänne, zur Verbindung innerhalb der Verbindung. Er war eben vor dem letzten Anwärter ins Stocken geraten, einem Jungen aus Monroe: gewölbte Stirn und tiefliegende Augen. »Und du, du bist –« »Das ist Walkopf«, sagte ich. Walter hob die Braue, zog die Mundwinkel herab und nickte spöttisch zu seinen Getreuen vom Inneren Zirkel hin. Ich gehörte dazu.

Ein Anwärter fühlte sowohl den Vorzug seiner Gesellschaft als auch die Last. Mit ihm hieß es die Balance halten: unwirsch zu sein und doch leutselig, nachlässig, aber mit Stil, sardonisch, aber liebenswürdig, gleichermaßen volkstümlich zu Männern wie zu Frauen. Last oder nicht: ich war jedenfalls froh, sein Freund zu sein. Eines Nachts ging ich mit ihm nach Hause; er war mit dem »Goldenen Vlies« ausgezeichnet worden – der letzten Ehrung in der Kolonne von Ehrungen unter seinem Bild im Jahresbericht. »Binx«, sagte er – mit mir hatte er schließlich seine herb-absurde Redeweise sein lassen: »Ich will dir etwas verraten. Ob du es glaubst oder nicht – dieser Wirbel bedeutet mir gar nichts.« Er blieb stehen, und wir schauten zu dem glitzernden Campus zurück, als lägen da alle Städte der Welt uns zu Füßen. »Binx: das Wichtigste ist, demütig sein: das Goldene Vlies kriegen und demütig bleiben.« Wir atmeten beide tief ein und gingen schweigend zum Delta-Haus zurück.

Als Anfänger erschien es mir äußerst wichtig, einer guten Verbindung anzugehören. Wenn aber keine Verbindung mich aufnähme? In der Bewerbungswoche wurde ich ins Delta-Haus geladen, damit die Mitglieder sich ein Bild von mir machen könnten. Ein andrer Kandidat, Boylan »Sockhead« Bass von Bastrop, saß mit mir auf einem Ledersofa, die Hände auf den Knien, während die Mitglieder um uns herumstanden, uns hofierend wie Jungfrauen und zugleich uns musternd wie Kälber. Dann nickte Walter mir zu, und ich folgte ihm die Treppe hinauf, wo wir uns in einem kleinen Zimmer vertraulich unterhielten. Er bedeutete mir, mich aufs Bett zu setzen, und stand eine Zeitlang da, wie er auch jetzt dasteht: die Hände in den Taschen, auf dem Absatz wippend und aus dem Fenster schauend, wie Samuel Hinds im Film. »Binx«, sagte er, »wir kennen einander sehr gut, nicht wahr?« (Wir waren auf derselben Vorbereitungsschule in New Hampshire gewesen.) »Du kennst mich gut genug und weißt, daß ich dir nicht den üblichen Stuß über das Verbindungswesen erzählen werde. Wir sind keine Wichtigtuer, Binx. Das haben wir nicht nötig.« Er zählte die guten Eigenschaften der SAEs auf, der Delta Psis, der Delta Kappas, der Kappa Alphas. »Das sind alles gute Kerle, Binx. Ich habe da überall Freunde. Aber wenn es darum geht, die Burschen hier im Haus zu beschreiben, das Format der Männer, das Band zwischen uns, den Sinn dieses kleinen Symbols –« Er schlug den Revers zurück, um die Anstecknadel zu zeigen, und ich fragte mich, ob die Deltas tatsächlich ihre Nadeln im Mund hielten, wenn sie sich duschten – »da fällt mir nicht viel ein, Binx.« Walter nahm seinen Hut ab und strich über die dreieckige Spitze. »Ich werde überhaupt nichts sagen. Statt dessen werde ich dir eine einzige Frage stellen, und dann werden wir wieder hinuntergehen: Hattest du, als du dieses Haus betratst, ein einzigartiges Gefühl, oder hattest du es nicht? Ich würde gar nicht wagen, es zu beschreiben. Wenn du es hattest, dann weißt du genau, was ich meine. Wenn nicht –!« Der über mir stehende Walter hielt sich den Hut ans Herz. »Hast du es gespürt, Binx?« Ich sagte ihm auf der Stelle, daß nichts mich glücklicher machen würde, als sofort in Delta aufgenommen zu werden – wenn es das war, auf das er hinauswollte. Wir schüttelten einander die Hand, und er rief einige der Mitglieder herein. »Leute, ich wollte euch Mister John Bickerson Bolling vorstellen. Er ist einer dieser heruntergekommenen Bollings aus dem Feliciana Parish – vielleicht habt ihr den Namen gehört. Binx ist ein Junge vom Land, voll von Hakenwürmern, aber er dürfte auch einiges Gute in sich haben. Ich glaube, er paßt zu uns.« – Allgemeines Händeschütteln: Es waren liebe Kerle.

Wie sich herausstellte, paßte ich überhaupt nicht zu ihnen. In den vier Jahren am College gewann ich keinen einzigen Preis. Im Jahresbericht standen unter meinem Namen nur die Buchstaben ΔΨΔ – was angemessen war, weil ich all die vier Jahre auf der Veranda des Verbindungshauses zugebracht hatte, träumerisch und gedankenverloren, in Betrachtung der Sonne, die durch das Spanischmoos schien; versunken in das Geheimnis, mich am Leben zu finden, in einer solchen Zeit, an einem solchen Ort – und neben dem ΔΨΔ als Resümee meines Wesens: »Ruhig, doch Sinn für verschmitzten Humor.« Boylan Bass von Bastrop erwies sich als keine geringere Enttäuschung. Er war ein großer, bäurischer Junge mit langem Hals und mächtigem Adamsapfel; er studierte Pharmazie, sagte während der vier Jahre kaum ein Wort und wurde nicht einmal vertraut mit seinen Verbindungskollegen. Seine Wesensbeschreibung: »Ein guter Freund«.

Walter ist wieder entspannt. Er wendet sich vom Fenster ab, steht wie einst über mir und neigt den Kopf mit den schmalen, eingefallenen Schläfen.

»Du kennst doch die meisten von der Krewe. Es ist dieselbe Gruppe, die immer nach Tigre au Chenier geht. Warum bist du im letzten Monat nicht mitgekommen?«

»Ich gehe nicht gern auf die Jagd.«

Walter blickt prüfend auf den Tisch. Er lehnt sich darüber und fährt mit dem Daumen die Maserung entlang. »Schau dir dieses Holz an. Es ist aus einem Stück.« Seit seiner Verlobung interessiert sich Walter für das Haus wie ein Eigentümer – er klopft die Wände ab, begeht die Dielen, wiegt Vasen in der Hand. Er richtet sich auf: »Was ist in dich gefahren? Hast du mich auf deine schwarze Liste gesetzt? Warum zum Teufel rufst du mich nicht manchmal an?«

»Was sollen wir reden?« sage ich, in unserm unwirsch-absurden Stil aus der Collegezeit.

Walter drückt heftig meine Schulter. »Ich hatte vergessen, was für ein Scheißkerl du bist. – Ja, du hast recht: worüber sollen wir reden?« fügt er elegisch hinzu. »Was ist eigentlich los mit der verdammten Welt, Binx?«

»Ich weiß es nicht. Aber heute früh ist mir etwas passiert. Ich saß gerade im Bus –«

»Was fängst du eigentlich mit dir selber an, da draußen in Gentilly?«

Man fragt mich oft, was mit der Welt eigentlich los ist und was ich in Gentilly treibe, und immer versuche ich eine Antwort. Die erste Frage ist nämlich interessant. Doch ich habe bemerkt, daß niemand wirklich eine Antwort will.

»Nicht viel. Ich verkaufe Wechselpapiere an Witwen und Ausländer.«

»Und das geht gut?« Walter senkt die Schultern und läßt die Rückenmuskeln spielen, hockt sich auf die Fersen und mustert die Bodenleisten; berechnet den Sitzbankwinkel.

Nach dem Krieg kauften einige von uns gemeinsam ein Hausboot in der Vermilion Bay nahe Tigre au Chenier. Walter war der Organisator. Es paßte zu ihm, daß er da draußen in der Wildnis einen Koch, der zugleich Verwalter war, ausfindig machte und sogar ein paar echte Negertreiber besorgte. Aber für mich war das Unternehmen nicht das richtige. Tatsächlich wurde sehr wenig gefischt und gejagt – und viel gepokert und getrunken. Walter tat nichts lieber, als an den Wochenenden mit einigen Genossen zum Sumpf hinaus fahren und rund um die Uhr Poker spielen. Das gefiel ihm. Morgens um drei pflegte er ächzend vom Tisch aufzustehen, sich einen Drink einzugießen und, die

Bartstoppeln reibend, in die Finsternis hinauszuschauen. »Ist das nicht ein wunderbarer Ort? Genau hier werden wir morgen Ente Rochambeau speisen. Sei ehrlich, Binx: hast du bei Galatoire's jemals ein besseres Essen erlebt? Sag ehrlich deine Meinung.« Jake, den Verwalter, dem er einmal nützlich gewesen war, hatte er gern um sich. Jake pflegte beim Pokern danebenzusitzen. »Jake, was denkst du von dem Burschen da?« fragte ihn Walter dann, indem er auf mich oder einen der andern deutete. Er meinte, Neger hätten einen sechsten Sinn und »sein« Neger einen besonders ausgeprägten. Jake pflegte den Kopf zu heben, als wollte er mich mit seinem sechsten Sinn ergründen. »Jetzt zum nächsten. Der Mr. Binx ist sauber.« Und mit etwas Besserem als dem sechsten Sinn gelang es Jake, Walter gefällig zu sein, ohne mich zu beleidigen. Das Hausboot schien eine gute Idee, aber als diese sich abnutzte, wurde ich deprimiert. Um die Wahrheit zu sagen: Frauen sind mir lieber. An diesem Sumpf konnte ich nur denken: Wie gern hätte ich jetzt Marcia oder Linda bei mir und würde mit ihnen die Golfküste entlangbrausen.

Um ganz ehrlich zu sein: in Walters Gesellschaft bin ich immer leicht verlegen gewesen. Sooft ich mit ihm bin, ist fühlbar das Seil gespannt: die Forderung, der Freundschaft der Freundschaften nachzuleben, eine Innigkeit jenseits der Wörter zu pflegen. Tatsächlich haben wir einander wenig zu sagen; höchstens ereignet sich jenes dicke, einverständliche Schweigen. Wir sind Kameraden, aber sozusagen verlegene Kameraden. Das ist wohl meine Schuld. Schon seit Jahren habe ich keine Freunde mehr. All meine Zeit verbringe ich arbeitend, Geld verdienend, ins Kino gehend und die Gesellschaft von Frauen suchend.

Freunde hatte ich zuletzt vor acht Jahren. Bei meiner Rückkehr aus Asien, als ich mich von meiner Verwundung erholte, kamen mir zwei Burschen näher, von denen ich mir vorstellte, ich könnte sie mögen. Ich mochte sie wirklich. Beide waren liebe Kerle. Der eine war ein ehemaliger Lieutenant wie ich, von der University of California, ein magerer, ausgezehrter Mensch. Er las Gedichte und zog in der Natur herum. Der andre war ein Exzentriker von Valdosta, ganz der junge Burl Ives mit Bart und Gitarre. Wir stellten es uns schön vor, ein bißchen zu wandern. So brachen wir auf, von Gatlinburg in den Smokie Mountains, und machten uns auf den Weg nach Maine, auf dem Appalachen-Trail. Wir tranken alle gern und waren redelustig, konnten in einen schönen Schwung kommen über Frauen, Poesie und die östlichen Religionen. Es schien eine feine Idee, in Schutzhütten oder unter den Sternen im kühlen Tannengrün zu schlafen und auf Güterzüge aufzuspringen. Jedenfalls war das mein Traum. Aber die Niedergeschlagenheit kam sofort. Sooft wir uns vergnügten, etwa um ein Feuer herumsaßen, auch mit Mädchen zusammen, war es, als sagten die andern zu mir: »Das ist es jetzt doch, nicht wahr, mein Junge?« – sie blickten auch wirklich von ihren Mädchen auf, um das auszudrücken. Ich versank in tiefe Schwermut. Was sind das für gute Kerle, dachte ich, wie sehr verdienen sie es, glücklich zu sein. Könnte ich sie nur glücklich machen! – Aber statt zu erheitern, wurde die Schönheit der rauchigen blauen Täler herzzerreißend. »Was ist los mit dir, Binx?« fragten sie endlich. »Meine lieben Freunde«, antwortete ich. »Ich will euch alles Gute wünschen und Lebewohl sagen. Ich gehe zurück nach New Orleans, um in Gentilly zu leben.« Und da habe ich seitdem gelebt, einsam und verwundert, Tag und Nacht in Verwunderung, kein Augenblick ohne Verwunderung. Von Zeit zu Zeit kommen meine Freunde vorbei, junge Exzentriker mit Bärten und Fahrrädern, und verschwinden gleich ins Quarter, um Musik zu hören und ein paar Huren zu begegnen, und immer noch wünsche ich ihnen alles Gute. Was mich betrifft: ich bleibe zu Hause bei Mrs. Schexnaydre und schalte den Fernseher an. Nicht, daß ich Fernsehen so gern habe – aber es lenkt mich nicht ab von der Verwunderung. Deshalb habe ich mit dem Trubel, den sie suchen, nichts im Sinn. Der lenkt ab, und nicht für fünf Minuten will ich abgelenkt werden von der Verwunderung.

4

Walter bietet sich an, Onkel Jules in die Stadt zu bringen. Durch die Wohnraumtür sehe ich meine Tante am Feuer sitzen, die Stirn auf die Finger gestützt. Vom Himmel fällt weißes Licht auf ihr nach oben gewandtes Gesicht. Sie öffnet die Augen, erblickt mich und formt mit den Lippen, ohne zu sprechen, ein Wort.

Ich finde Kate im Basement, beim Schrubben eines eisernen Kamins. Seit Weihnachten sind sie und Walter am Putzen; sie entfernen jahrhundertalte Malschichten von Mauern und Anrichten, um die Ziegel und das Zypressenholz darunter freizulegen. Sie ist jetzt in Hemd und Jeans und sieht so noch magerer und blasser aus. Sie ist so zart wie eine Zehnjährige, außer um die Schenkel herum. Manchmal erwähnt sie ihren Hintern, streckt ihn heraus in der »Art der Beale Street« und klatscht darauf – was mich erröten läßt, weil es ein sehr schöner Hintern ist, wunderbar breit und mysteriös – nichts, über das man Witze macht.

Zu meiner Erleichterung begrüßt sie mich freundlich. Sie hat einen Fuß umklammert, die Wange ans Knie geschmiegt und rubbelt eine Eisenfassung mit Stahlwolle ab. Sie ist im Vorteil: sitzt bequem da im Überbleibsel vergangener Sommer, gebrochener Weidenkörbe, gesplitterter Krocketbälle, verrottender Hängematten. Jetzt macht sie sich dran, die Fassung mit einer

Lösung abzureiben; das Eisen wird fahlhell. »Solltest du mir nicht etwas sagen?«

»Ja, aber ich weiß nicht mehr, was es war.«

»Du sollst mir doch eine Standpredigt halten, Binx.«

»Das ist wahr.«

»Und es wird so kommen, daß ich es bin, die redet.«

»Das wäre besser.«

»Wie kommst du mit dem Leben zurecht?«

»Im letzten Monat habe ich dreitausend Dollar verdient – abzüglich Kapitalgewinn.«

»Wie bist du durch den Krieg gekommen, ohne getötet zu werden?«

»Das habe ich nicht dir zu verdanken.«

Sie lacht. Es sind die üblichen Scherzstreit-Dialoge zwischen uns. »Wie kommt es, daß du Mutter so vernünftig erscheinst?«

»Ich fühle mich vernünftig mit ihr.«

»Sie denkt, du bist einer ihres Schlags.«

»Welches Schlags?«

»Ein echter Bolling. Jules hält dich für einen Tatsachenmenschen. Aber mich täuschst du nicht. Du bist wie ich, nur ärger, viel ärger.«

Sie ist recht guter Dinge. Man sollte nicht zu sehr auf sie achten. Beim Anblick des Korbarms einer zerbrochenen Sitzbank kommen zwanzig Sommer im Feliciana Parish zurück. Ich setze mich auf einen harten Flechtwerkrücken und stütze die Arme auf die Knie.

»Jetzt fällt mir ein, warum ich hier bin. Gehst du zu den Lejiers, die Parade anschauen?«

Kate streckt ein Bein aus, um an die Zigaretten zu kommen. Das Rauchritual hilft ihr. Sie zieht die zerknüllte Packung hervor, knetet das Zellophan, klopft eine Zigarette heftig gegen den Daumennagel und zündet sie an mit einem Feuerzeug, das abgewetzt und vergilbt ist wie eine Taschenuhr. Indem sie das kurzgeschnittene Haar zurückstreift, stößt sie eine Wolke grauen Rauchs aus und tupft einen Krümel von der Zungenspitze. Sie erinnert mich an Collegestudentinnen vor dem Krieg, die zu fünft oder sechst in einem offenen Kabriolett zu sitzen pflegten und mir alt vorkamen, verdrossen-schweigsam zu Männern und zum eigenen Geschlecht, versteckt hinter dem Zigarettenritual: dem Ablösen des Zellophans, dem Klicken der Feuerzeuge und dem hastigen Ausstoß der Rauchwolken, die sie mit einem langen zischenden Seufzen aus den Lungen bliesen.

»Ist das *ihre* Idee?«

»Ja.«

Kate fängt zu nicken an, nickt dann weiter. »Du hast wahrscheinlich einen schönen Tanz hinter dir.«

»Nicht so arg.«

»Du hast Mutters Antrieb nie verstanden.«

»Ihren Antrieb?«

»Weißt du, wer unser ständiges Gesprächsthema ist? Du. Und ich habe es satt, über dich zu reden.«

Nun schaue ich sie ernsthaft an. Ihre Stimme hat unversehens ihren »objektiven« Ton angenommen. Seit der Periode ihrer Sozialarbeit trägt Kate manchmal mit einer leiernd wissenschaftlichen Stimme Fallgeschichten vor: »– und indessen war es offensichtlich, daß die arme Frau nie einen Orgasmus erlebt hatte.« »Ist so etwas möglich!« pflege ich dann auszurufen, und wir schütteln die Köpfe in einem starken Zusammengehörigkeitsgefühl – Kameraderie einer Wissenschaft, die dabei doch nicht *so* objektiv ist, daß sie nicht Mitleid hätte mit den Verrücktheiten und der Unwissenheit der Welt.

Es ist nichts Neues an Kates Ausfälligkeit gegen die Stiefmutter. Ich widerspreche ihr auch nicht. Es scheint ihr gut zu tun, die Möglichkeiten des Hasses zu entdecken. Sie lebt dadurch auf, und so wird das Kellergeschoß in einen freundlicheren Ort verwandelt. Ihr Haß rührt von einer Änderung ihrer Denkweise her. Seit den letzten Monaten neigt sie wieder mehr ihrem Vater zu. (Der Keller soll ein Fernsehraum für ihn werden.) Zunächst war sie das »Kind ihres Vaters« gewesen. In einer kritischen Periode ihrer Mädchenzeit war dann die agile, bezaubernde und vor allem intelligente Stiefmutter ihr nahgekommen. Sie wurde zu dem ordnenden Element für all die Kräfte, die bis dahin fast nur als ein formloses Unbehagen gefühlt worden waren. Erst im Bannkreis dieser Frau erkannte Kate, wie fremd ihr die Art des Vaters war: sein gutmütiges Wesen, seine Stummheit vor seinem Gott, dem Herrn; seine unablässigen, sprachlos-lästigen Ermahnungen, bloß gut zu sein, auf die Schwestern zu hören und seinen Weg zu gehen, den stummen Weg von innerer Gläubigkeit und äußerem Wohlbefinden. Ihre Stiefmutter hatte sich damals um sie gekümmert und sie befreit. In der älteren Frau (älter als eine Mutter und doch eine Art Schwester) fand sie die allermunterste Mitrebellin. Die Welt der Bücher, der Musik, der Kunst und der Ideen tat sich vor ihr auf. Später nahm die Stiefmutter freilich Anstoß an Kates politischen Aktivitäten. Eine spirituelle Revolution war eins: Entschweben des Geistes über den engen Pfarrhorizont hinaus in die hohen Regionen von »Literatur« und »Leben« (auch an dem backfischhaften Sozialismus der Sarah Lawrence war nichts auszusetzen) – doch politische Konspiration in New Orleans mit den ungepflegten Typen aus den lokalen Buchhandlungen und mit einer gewissen Sorte Sozialarbeiter, die meine Tante nur zu gut kannte: das war etwas grundanderes. Auch das gehörte freilich inzwischen der Vergangenheit an und war nicht wirklich schlimm; vielleicht würde es sich in der Erinnerung zu »Lehrjahren« verklären. Im Moment ist meine Tante jedoch selber das Opfer von Kates Dialektik der Feindschaften. Es war unvermeidbar, daß Kate ihre Stiefmutter durchschauen würde, so wie sie ihren Vater durchschaut hat; und daß sie, in derselben dialektischen Bewegung, ihren Vater als einen authentischen Louisiana-Businessman wiederentdecken und – wenn nicht mit ihm zur Messe gehen, so ihm doch einen TV-Raum einrichten und die »Gillette Cavalcade« im Kellergeschoß der »Philharmonie« der ersten Etage vorziehen würde. Mir ist es gleich, welchen Elternteil sie im Moment mag oder nicht mag. Beunruhigt bin ich nur von der Dürftigkeit ihrer weiteren Möglichkeiten. Wohin wird die Mechanik sie jetzt führen? Nach Onkel Jules: was dann? Ich fürchte, nicht zurück zu ihrer Stiefmutter, sondern in eine Sackgasse, wo sie sich der Mechanik bewußt werden muß. »Hasse sie also«, möchte ich ihr sagen, »und liebe Jules. Aber bleib dabei. Keinen neuen Umschwung.«

Ich sage: »Dann gehst du also nicht zu den Lejiers.«

Sie legt die Zigarette auf eine Topfscherbe und fängt wieder mit dem Rubbeln an.

»Und du gehst auch nicht auf den Ball?« frage ich.

»Nein.«

»Möchtest du denn nicht Walter als Krewekapitän sehen?«

Kate dreht sich herum, die Augen groß geworden. »Untersteh dich, Walter zu helfen. Glaubst du, ich hätte nicht bemerkt, wie ihr euch beim Mittagessen zusammengetan habt. Was für ein reizendes Paar ihr seid.«

»Ich dachte, du und ich, wir seien das Paar.«

»Wir sind in keiner Weise ein Paar.«

Ich sinne dem nach.

Kate entläßt mich gereizt.

5

Meine Tante unterhält sich mit mir wie üblich: während der Musikpausen. Sie spielt Chopin. Sie spielt nicht sehr gut; ihre Fingernägel klicken an den Tasten. Aber sie spielt eines unsrer Lieblingsstücke, die Etüde in E. Was Musik betrifft, bin ich in den letzten Jahren mißtrauisch geworden. Wenn meine Tante zu einer Stelle kommt, die uns einst besonders verbunden hat und bei der ich mich öffnete und hinschmolz wie ein junges Mädchen, verhärte ich mich.

Sie befragt mich nicht über Kate, sondern über meine Mutter. Meine Tante mag meine Mutter im Grund nicht; doch in Abwägung der Umstände (mein Vater war ein Arzt, und meine Mutter war seine Praxis-Hilfe und mit ihm verheiratet) bemüht sie sich um gute Gefühle. Sie hat nie ein Wort gegen sie gesagt und überwindet sich tatsächlich, um zu ihr freundlich zu sein. Sie meint sogar, mein Vater sei »mit Glück gesegnet« gewesen, weil ihm so ein feines Mädchen beschert worden ist, womit sie sagen will, daß mein Vater alles dem Zufall überlassen hat. Was sie meiner Mutter aber vorwirft (eigentlich nicht ihr, sondern meinem Vater), ist meines Vaters Mangel an Phantasie-Beweis: diese Heirat. Manchmal denke auch ich: wer meine Mutter ist und wer ich bin, das hing ab von der x-beliebigen Entscheidung eines Krankenschwestern-Chefs in Biloxi. Als mein Vater von der Medical School und dem Chirurgen-Praktikum in Boston zurückkam, um mit meinem Großvater im Feliciana Parish zusammenzuarbeiten, suchte er eine Krankenschwester. Tags darauf wartete er (und auch ich wartete), wer da kommen würde. Die Tür ging auf, und herein trat die Frau, die, wäre sie nicht einbeinig oder ganz und gar häßlich gewesen, seine Gattin und meine Mutter werden mußte. Meine Mutter, als Katholikin, wird im Kreis meiner Tante eine »fromme Katholikin« genannt, was nur heißt, daß sie praktizierende Katholikin ist (meiner Meinung nach ist sie nicht fromm.) Das bringt es mit sich, daß ich dem Taufschein nach auch Katholik bin.

Nach dem Tod meines Vaters schickte mich meine Tante auf die Vorbereitungsschule. Während meiner Collegejahre lebte ich in ihrem Haus. Mutter fing wieder zu arbeiten an, in einem Krankenhaus in Biloxi, verheiratete sich ein zweites Mal und lebt nun an der Golfküste, wo ihr Mann ein Autozubehör-Geschäft betreibt. Ich habe sechs Halbbrüder und -schwestern namens Smith. Zuweilen besuche ich sie im Sommer an ihrem Fischcamp am Bayou des Allemands, mit meinen Marcias oder Lindas.

Tante Emily (die Nägel klicken auf den Tasten) kommt zurück zur Melodie; süßer, trauriger Klang des neunzehnten Jahrhunderts, begütigend, wie er nur sein kann, doch nicht begütigend genug. Um mich nicht darin zu verlieren, nehme ich eins der Photos vom Kaminsims.

»Wird sie hingehen?« fragt meine Tante während der Pause.

»Nein.«

»Gut. Macht nichts.«

Wieder halte ich das Bild ins Licht. Der Himmel verdüstert sich; Wind hat sich erhoben.

»Warum bist du nicht mit auf dem Photo?« frage ich. »Warst du nicht dabei?«

»So ist es. Weißt du, was sie da vorhatten? Sie wollten nach Ungarn, Wachteln schießen. Ich sagte, Gott, auf Wachteln schießen könnt ihr auch im Feliciana Parish. Es hieß damals, daß in München Ungutes vor sich ging. Es gab da eine Art Putsch, und mir schwante Böses. So verschwanden sie zur Wachteljagd nach Ungarn und ich zu meinem Putsch.« Sie schaut mir zu, wie ich das Photo zurückstelle. »Ihresgleichen wird es nie mehr geben. Das Zeitalter der Catos ist vorbei. Nur mein Jules ist noch übrig.

Und Sam Yerger, den wir zum Glück bald wiedersehen werden.«

Natürlich ist es absurd, Onkel Jules einen Cato zu nennen. Zu Sam Yerger: der ist ein Cato nur an langen Sonntagnachmittagen, in Gesellschaft meiner Tante. Sie verklärt jeden. Mercer sieht sie immer noch als den alten Getreuen und Onkel Jules als den kreolischen Cato, den letzten der Heroen – während er in Wahrheit ein schlauer Cajun direkt vom Bajou Lafourche ist, so schlau wie ein Marseiller Kaufmann; ein sehr lieber Kerl, aber kein Cato. All das Stückwerk der Vergangenheit, all das Unfähige und Unscheinbare der Leute, fügt sie zu dem widerspruchslosen Bild des Helden oder Feiglings zusammen, des Edlen oder Niederträchtigen. Und sie ist so stark, daß Person und Vergangenheit manchmal auch wirklich von ihr umgebildet werden zu dem, was sie in ihnen sieht. Onkel Jules hält sich dann selber für den Großen Kreolen, den »Beauregard« unter all den »Lees«, und Mercer wird manchmal tatsächlich ununterscheidbar von einem Alten Getreuen. Ehrlich: ich weiß nicht – und auch Mercer weiß nicht –, was Mercer wirklich ist.

Der Sturm, der sich seit Mittag angekündigt hat, bricht nun über uns los. Donner rüttelt die Scheiben. Wir treten hinaus auf die Empore. Ein heftiger Golfwind schlitzt die Bananenblätter zu Bändern und bläst welke Kamelienblüten über den Hof. Regenschleier werden für einen Augenblick durch das Haus geteilt und ziehen sich gleich wieder zusammen. Rindenstücke und Zweige von Kampferbäumen klappern auf dem Dach. Wir gehen Arm in Arm die windabgekehrte Empore auf und ab wie promenierende Schiffspassagiere.

»Von Deutschland aus bin ich zurück nach England. Ich wollte den Lake District wiedersehen.«

»Ist Vater mitgegangen?«

»Nein, er hat zwei seiner Leute von Charlottesville und Princeton getroffen, und weg waren sie, rheinaufwärts, eine Flasche ›Liebfrauenmilch‹ unter dem einen Arm, den ›Wilhelm Meister‹ unter dem andern.« (Und ich denke wieder: Sie passen nicht zusammen, dein studentischer Prinz und der ironische junge Geck auf dem Kaminsims.)

»Jack«, sagt sie mit veränderter Stimme, und sogleich ist der Schwarzwald zweitausend Meilen weg und vierzig Jahre zurück. Mein Nacken fängt an zu prickeln, in ängstlicher, aber nicht unangenehmer Erwartung.

Wir promenieren von neuem. Meine Tante setzt die Schritte sorgfältig, richtet die Zehen nach dem Rand der Bohlen aus. Sie preßt einen Finger an die Lippe, doch es ist ungewiß, ob sie lächelt oder eine Grimasse zieht.

»Letzte Nacht hatte ich eine Idee. Sie war heute früh immer noch recht brauchbar. Interessiert sie dich?«

Mein Nacken prickelt wie bei einem Bullterrier.

»In unserem ›Great Books‹-Kreis sprach ich vergangene Woche beiläufig mit dem alten Doktor Minor. Nicht ich habe deinen Namen erwähnt, er war es. Er hat mich gefragt, was du tust. Als ich es ihm erzählte, meinte er, das sei eine Schande, weil – und er hatte keinen Grund, etwas Unzutreffendes zu behaupten – du einen scharfen Verstand und eine natürliche wissenschaftliche Neugier hättest.«

Ich weiß, wie es weitergeht. Meine Tante ist überzeugt, ich hätte ein »Flair für die Forschung«. Das ist nicht der Fall. Wenn ich ein Flair für die Forschung hätte, so würde ich forschen. Tatsächlich bin ich nicht sehr hell. Meine Zensuren waren mittelmäßig. Meine Mutter und meine Tante denken, ich sei klug, weil ich ruhig und geistesabwesend bin – und weil mein Vater und mein Großvater klug waren. Sie denken, ich sei zum Forschen bestimmt, weil nichts andres zu mir paßt – sie halten mich für einen Genius, den gewöhnliche Berufe nicht befriedigen könnten. Einen Sommer lang habe ich versucht, Forschung zu betreiben. Ich begann mich zu interessieren für die Rolle des Säurenausgleichs bei der Bildung von Nierensteinen; tatsächlich ein recht interessantes Problem. Ich hatte die Vorstellung, man könnte, durch Manipulation des pH-Wertes im Blut, Schweine dazu bringen, Oxalatsteine zu bilden und sie vielleicht sogar wieder aufzulösen. Einer meiner Freunde, Harry Stern aus Pittsburgh, und ich, wir lasen die Literatur durch und kamen mit dem Problem zu Minor. Er war begeistert, gab uns alles, was wir wünschten, und besorgte uns einen freien Sommer. Aber dann geschah etwas Besonderes. Ich fühlte mich sehr angezogen von den Sonntagnachmittagen im Labor. Durch die großen, staubigen Entlüftungsfenster kam die Augustsonne und musterte den Raum mit gelben Streifen. Das alte Gebäude tickte und knarrte in der Hitze. Von draußen hörten wir die Schreie der Sommerstudenten beim touch-football. Im Lauf der Nachmittage bewegte sich das Sonnenlicht über die alten Gruppenphotos der biologischen Abteilung. Die Gegenwart des Gebäudes verzauberte mich: minutenlang konnte ich auf dem Fußboden sitzen und das Steigen und Fallen der Stäubchen im Sonnenlicht betrachten. Ich versuchte Harry auf diese Gegenwart aufmerksam zu machen, aber er zuckte die Achseln und arbeitete weiter. Er blieb ganz und gar unberührt von der Einzigartigkeit der Zeit und des Ortes. Er war überall zu Hause. Es war ihm gleich, ob er um vier Uhr nachmittag in New Orleans oder um Mitternacht in Transsylvanien einem Schwein den Katheter einführte. Er glich tatsächlich einem jener Wissenschaftler im Kino, die sich um nichts sonst kümmern als ihr Problem: ein Bursche mit einem »Flair für Forschung«; »man wird noch von ihm hören«. Aber ich beneide so jemanden nicht. Ich würde nicht mit ihm tauschen, auch wenn er Ursache und Heilung von Krebs entdeckte. Denn er weiß so wenig von dem Geheimnis, das ihn umgibt, wie ein Fisch von dem Wasser, in dem er schwimmt. Tausend Jahre könnte er forschen, und würde doch keine Ahnung davon kriegen. Mitte August war es dann unwichtig geworden, ob die Schweine Nierensteine bekamen oder nicht (sie bekamen übrigens keine) – verglichen mit dem Geheimnis dieser Sommernachmittage. Ich bat Harry, mich zu entschuldigen. Er war froh drüber, war ich ihm doch mit meinem Auf-dem-Boden-Sitzen kaum nützlich. Ich begab mich hinunter ins Quarter, wo ich die restliche freie Zeit mit der Suche nach dem Geist des Sommers verbrachte, in Gesellschaft eines schönen und verwirrten Mädchens aus Bennington, das sich vorstellte, eine Dichterin zu sein.

Ich habe mich geirrt. Meine Tante will mir gar nicht vorschlagen, Forschung zu betreiben.

»Ich möchte, daß du überlegst, diesen Herbst auf die Medical School zu gehen. Du hast doch immer schon vage daran gedacht. Im Kutscherhaus ist für dich die alte Garçonnière hergerichtet. Sieh sie dir an – es sind ein paar Bücherbretter und eine Kitchenette dazugekommen. Du wirst ganz für dich sein. Nicht, daß ich etwas für dich tun will: wir brauchen dich um uns herum. Kate hat Schwierigkeiten, die ich nicht verstehe. Mein lieber Jules würde nicht zugeben, daß etwas nicht in Ordnung ist. Du und Sam, ihr seid die einzigen, auf die sie hört.«

Wir kommen ans Ende der Empore, und ein warmer Regen sprüht uns ins Gesicht. Man kann die südlichen Inseln riechen. Der Regen läßt nach; ein Zischen von Drähten auf dem nassen Asphalt.

»Folgendes: Sobald die heiße Zeit kommt, gehen wir hinauf nach Flat Rock, die ganze Familie, Walter eingeschlossen. Er hat schon zugesagt. Wir werden einen schönen langen Sommer in den Bergen verbringen und uns im September hier wieder an die Arbeit machen.«

Zwei Autos rasen gleichauf die Prytania Street hinunter; jemand brüllt ein Schimpfwort, ein elendes Gequake. Unsere Schritte hallen wie Pistolenschüsse im Tiefparterre unten wider.

»Ich weiß nicht.«

»Denk drüber nach.«

»Yes ma'am.«

Sie lächelt nicht; statt dessen hält sie mich an und stellt sich mir in den Weg.

»Was ist dein Lebenstraum, mein Lieber?« fragt sie mit beunruhigender Sanftmut.

»Ich weiß nicht. Aber ich werde hier einziehen, wann immer du es möchtest.«

»Fühlst du nicht die Verpflichtung, das Gehirn zu nutzen und deinen Beitrag zu leisten?«

»No'm.«

Sie wartet, daß ich weiterspreche. Als ich das nicht tue, scheint sie ihre Idee zu vergessen. Ohne Ranküne hängt sie sich bei mir ein und resümiert die Promenade.

»Ich glaube, ich verstehe die Welt nicht mehr.« Sie schüttelt den Kopf, lächelt aber immer noch ihr sanftes, bedrohliches Lächeln. »Die Welt, die mir vertraut war, ist um mich herum zusammengekracht. Die Dinge, die wir hochhalten, werden geschmäht und angespuckt.« Sie deutet auf die Prytania Street. »Du wirst in einem interessanten Zeitalter leben – obwohl ich kaum bedaure, es zu versäumen. Aber der Untergang meiner Welt dürfte wenigstens ein imposanter Anblick sein.«

Auch für sie löst sich das Gewebe auf. Doch ihr scheint selbst die Auflösung sinnvoll. Sie versteht das Chaos, das bevorsteht. Mit ihren Augen gesehen, wird es deutlich. Meine Lebensaufgabe ist einfach: auf die Medical School, und dann ein langes nützliches Leben im Dienst am Nächsten.

»Dein Gehirn ist kein Wegwerfgegenstand. Ich weiß zwar nicht genau, was wir auf dieser Schlacke sollen, die sich in einer dunklen Ecke des Universums dahindreht. Doch eins glaube ich mit jeder Fiber: ein Mensch muß seinen Möglichkeiten nachleben und das wenige tun, das er tun kann, auf die bestmögliche Weise.«

Sie hat recht. Ich stimme ihr zu. Ich werde ihr zustimmen, auch wenn ich nicht so recht weiß, wovon sie redet.

Aber ich höre mich selber sagen: »Ich hatte tatsächlich vor, von Gentilly wegzugehen, aber aus einem andern Grund. Es gibt etwas –« Ich breche ab. Meine Idee der »Suche« scheint unsinnig.

Zu meiner Überraschung nimmt meine Tante diese schwache Replik gut auf.

»Ich verstehe!« ruft sie. »Du willst etwas tun, was früher jeder getan hat. Dein Vater ging nach dem College auf sein *Wanderjahr:* ein schöner Jahresstreifzug den Rhein hinauf und die Loire hinunter, ein hübsches Mädchen an einem Arm und einen guten Freund am andern. Und was ist dir nach dem College zugestoßen? Der Krieg. Das macht mich ja auch stolz auf dich. Und doch hat er dir dein Eigenstes genommen.«

Wanderjahr. Ich werde verzagt. Wir verstehen einander also gar nicht. Bei der Vorstellung, die letzten vier Jahre seien mein *Wanderjahr* gewesen, und ich sollte nun solide werden, könnte ich mich auf der Stelle erschießen.

»Was meinst du mit: mein Eigenstes?«

»Deine Berufung zur Wissenschaft, deine Liebe zu Büchern und zur Musik. Weißt du denn nicht mehr, wie wir miteinander redeten – an den Winterabenden, als Jules schon zu Bett war und Kate zum Tanzen ging. Mit unserem Reden ließen wir es Tag und Nacht werden. Erinnerst du dich, wie wir Euripides entdeckten und Jean-Christophe?«

»Du hast sie für mich entdeckt. Du warst es immer, die –«
Mit einem Mal bin ich schläfrig. Es strengt an, einen Fuß vor den andern zu setzen. Gut, daß meine Tante sich schließlich niederläßt. Ich wedle mit dem Taschentuch über eine Eisenbank, und wir sitzen da, immer noch Arm in Arm. Sie gibt mir einen Klaps.

»Ich will, daß du mir etwas versprichst. Heute in einer Woche ist dein Geburtstag. Du wirst dreißig. Meinst du nicht, daß ein dreißigjähriger Mensch mit seinem Leben etwas anfangen sollte?«

»Yes ma'am.«

»Wirst du mir deinen Entschluß mitteilen – nächsten Mittwoch nachmittag, wenn Sam gegangen ist? Wir werden uns genau hier treffen. Versprichst du mir zu kommen?«

»Yes ma'am.« Sie erhofft sich viel von Sams Besuch.

Als sie meinen Ärmel hinaufschiebt, um auf die Uhr zu schauen, zieht sie den Atem ein. »Zurück zum Stillstand, zur Unentschlossenheit, zur allgemeinen Bedeutungslosigkeit.«

»Leg dich erst hin und laß mich dir den Nacken massieren.« Es ist ihren Augen anzusehen, wenn sie Kopfschmerzen hat.

Als Mercer dann mit dem Wagen vorfährt, berührt sie mit einer warmen, trockenen Wange die meine. »Du bist solch ein Trost für mich. Du erinnerst mich so sehr an deinen Vater.«

»Ich habe kaum einen Schimmer von Erinnerung an ihn.«

»Er war der sanfteste Mensch. So heiter. Ein Mann für Frauen. Und ein Geist! Sein Verstand war wie eine stählerne Falle, analytisch wie der deine.« (Immer sagt sie das, obwohl ich noch nie etwas analysiert habe.) »Er hatte die Wahl unter den besten Frauen von New Orleans.« (Und wählte Anna Castagne.)

Mercer, der sich umgekleidet hat – Cordmantel und Mütze –, hält die Tür widerwillig auf und reckt den Hals nach links und rechts, als wollte er wie ein Chauffeur aussehen, nicht aber wie ein Lakai.

Sie ist ins Auto gestiegen, gibt meine Hand jedoch nicht frei. »Als Forscher wäre er weit glücklicher gewesen«, sagt sie und läßt mich los.

6

Der Regen hat aufgehört. Unter der Veranda ruft Kate.

Sie ist bester Laune. Sie zeigt mir den Ziegelboden, den sie unter Linoleum gefunden hat, und die von Walter beim Trödel gekauften Fensterläden. Es ärgert sie, daß diese beim Entfernen des Anstrichs ziemlich lädiert worden sind. »Sie sollen hier einen Verschlag bilden, für Wasseranschluß und Pflanzgerät.« Der Verschlag wird, in den Garten vorspringend, eine Mauerkante einfassen und damit für eine freundliche kleine Ecke sorgen. Der Grund, weshalb sie so sehr bei der Sache ist: wenn sie nur den richtigen *Platz* findet, einen mit Fensterläden verstrebten Platz aus Ziegeln, Kletterpflanzen und fließendem Wasser, dann ist ein höchsteigenes Leben möglich. »Ich fühle mich wunderbar.«

»Und wer hat das Wunder bewirkt?«

»Der Sturm.« Sie räumt das gebrochene kleine Sofa ab und zieht mich hinab in das krachende Flechtwerk. »Der wilde Sturm – du und Mutter, ihr gingt immerzu auf und ab –, und ich besorgte mir einen großen Drink und genoß jeden Augenblick.«

»Bist du also bereit für die Lejiers?«

»Ich kann nicht«, sagt sie und zupft an ihrem Daumen. »Wohin gehst du von hier?« fragt sie nervös, in der Hoffnung, ich würde verschwinden.

»In die Magazine Street.« Sie hört nicht zu. Ihr Atem ist flach und unregelmäßig, als sei sie sich jedes Atemzugs bewußt. »Ist es diesmal schlimm?« frage ich.

Sie zuckt die Achseln.

»So schlimm wie das letzte Mal?«

»Nicht so schlimm.« Sie schlägt sich wie üblich aufs Knie. Nach einer Weile: »Armer Walter.«

»Was ist mit Walter?«

»Weißt du, was er hier unten tut? Er mißt die Mauern ab. Er hat ein kleines Stahlband in der Tasche. Er kann es nicht fassen, wie dick die Mauern sind.«

»Wirst du ihn heiraten?«

»Ich weiß nicht.«

»Deine Mutter meint, der Unfall quält dich noch immer.«

»Soll ich ihr denn das Gegenteil erzählen?«

»Daß er dich nicht quält?«

»Daß er mich zum Leben erweckt hat. Das ist mein Geheimnis, so wie der Krieg dein Geheimnis ist.«

»Ich war nicht gern im Krieg.«

»Nachher hat nämlich jeder gesagt: Kommt sie mit ihrer schrecklichen Erfahrung nicht erstaunlich gut zurecht? Und ich bin wirklich sehr gut damit zurechtgekommen. Ich hätte einen tüchtigen Soldaten abgegeben.«

»Du möchtest ein Soldat sein?«

»Es wäre so einfach, zu kämpfen. Wie schön muß es sein unter Leuten, die sich zum ersten Mal fürchten, während man selber sich zum ersten Mal im Leben vor einem Feind aus Fleisch und Blut fürchten kann. Ist das nicht das Geheimnis der Helden?«

»Ich weiß es nicht. Ich war kein Held.«

»Erinnerst du dich an den glücklichsten Augenblick in deinem Leben?«

»Nein. Vielleicht war das die Entlassung aus der Armee.«

»Aber ich erinnere mich. Es war im Herbst 1955. Ich war neunzehn und sollte Lyell heiraten, der ein guter Kerl war. Wir waren auf dem Weg von Pass Christian nach Natchez, um Lyells Familie zu besuchen, und den Tag darauf wollten wir in Oxford ein Spiel ansehen. So fuhren wir nach Natchez und am nächsten Tag nach Oxford, sahen das Spiel und gingen nachher tanzen. Nach dem Tanzen mußte Lyell nach Hause. Wir kamen fast bis Port Gibson, es war schon nach der Morgendämmerung, aber es lag Bodennebel. In den tieferen Lagen war der Highway noch dunkel. In einer der Senken überholte Lyell ein Auto. Es war ein Coupé, mit dem Wort ›Flink‹ an die Tür gemalt.« Kate erzählt mit ihrer tonlos-analytischen Stimme und genießt gleichsam das Seltsame daran. »›Flink‹ war das letzte, was ich gesehen habe. Lyell fuhr frontal in einen Laster mit Baumwollpflückern. Im Herausgeschleudertwerden muß ich mich zu einer Kugel zusammengerollt haben. Als ich zu mir kam, lag ich vor dem Eingang einer Hütte. Ich hatte nicht einmal eine Schramme. Ich hörte jemanden sagen, der weiße Mann ist tot. Ich konnte nur eines denken: nicht zu Lyells Familie nach Natchez. Zwei Polizisten wollten mich in ein Krankenhaus fahren. Aber ich fühlte mich gut – man hatte mir eine Injektion gegeben. Ich ging Lyell anschauen, und jedermann hielt mich für eine Gafferin. Schotter war in seine Wange gedrückt. Zwanzig oder dreißig Autos hielten auf der Straße. Dann kam ein Bus. Ich nahm den Bus und fuhr nach Natchez. An meiner Bluse war etwas Blut. Ich ließ sie im Hotel reinigen, nahm ein Bad und bestellte ein ausgiebiges Frühstück, aß jede Krume und las die Sonntagszeitung. (Ich erinnere mich noch an den guten Kaffee.) Als die Bluse zurückgebracht wurde, zog ich sie an, ging hinüber zum Bahnhof und stieg in den Illinois Central nach New Orleans. Ich schlief wie eine Eins, stieg am frühen Morgen in der Carrollton Avenue aus und spazierte nach Hause.«

»Wann war der glücklichste Augenblick?«

»Im Bus. Ich stand nur da, bis die Tür aufging, dann stieg ich zu, und schon segelten wir dahin, vom hellen Sonnenschein in tiefe Klüfte hinab, die so kühl und dunkel wie ein Brunnenhaus waren.«

Kate runzelt die Stirn und trommelt gegen das Flechtwerk. Vom Strom her ein Tuten. Zu unsern Häupten das Stottern eines Motors. Mercer glaubt, er müsse beim Umgang mit den Zündkerzen Gewalt anwenden – haben Schwarze keinen Sinn für Motoren? Kate sagt »Pardon«, steht unversehens auf und verschwindet. Der kleine Yankee-Ausdruck ist hilfreich: so verschwindet sie unauffällig. Ein Wasserrohr rauscht; wird mit einem Schlag wieder still. Als sie zurückkommt, reckt sie sich und klatscht sich gegen den Arm wie ein Cowboy. Glimmendes Licht im Hofraum; das leere Haus über uns saust wie eine Muschel.

»Du wirst also Walter nicht heiraten?«

»Wahrscheinlich nicht.« Ausführliches Gähnen.

»Triffst du ihn heute abend?«

»Nein.«

»Kommst du mit mir?«

»Nein«, sagt sie und klatscht sich auf den Arm. »Ich bleibe hier.«

7

Später in der Magazine Street kommt sie so selbstverständlich näher, daß ich sie zuerst für den Negerjungen halte, der die Büchsen mit den Schalen wegbringt und von Zeit zu Zeit die Austern auf dem Eis ausbreitet. Die Austernbar befindet sich zwischen dem Restaurant und der Küche, ist zugleich ein Durchgangsraum für die Kellnerinnen. Vom Plafond hängt eine gelbe Birne, aber die Lieferantentür steht offen, und abendliche Dunkelheit erfüllt den Raum.

Kate trommelt mit den Fingern auf die Messingtheke und starrt ausdruckslos, als der Neger den Abfall über den Kachelboden kehrt. Der Écailleur setzt ihr die Auster vor.

»Ich kann nicht zu den Lejiers gehen, und ich kann Walter nicht heiraten.«

Ich trinke Bier und betrachte sie.

»Ich habe nicht die Wahrheit gesagt. Es ist doch schlimm.«

»Jetzt gerade?«

»Ja.«

»Möchtest du hierbleiben oder weggehen?«

»Tu etwas«, sagt sie ausdruckslos. Einem Fremden wäre nichts an ihr aufgefallen.

»Soll ich Merle anrufen?«

»Nein. Das andere.«

»Das andere«: das ist seit je unser Losungswort. Sie gebärdet sich dann gleichsam als kleiner Junge, und ich beachte sie kaum. Sie verzehrt eine braune Auster, kalt und salzig wie das Meer. Ist es ihr nicht schon schlechter gegangen?

»Wir werden uns an der St. Charles Avenue die Parade anschauen. Außerdem läuft da ein Film, den ich sehen möchte.«

Sie nickt. Allmählich nimmt sie die Kellnerinnen wahr. Sie betrachtet sie mit offenem Mund und trocknenden Lippen, wie ein Kind, das mit seinem Vater oder Bruder an einen Ort gekommen ist, wo es sehen kann, ohne gesehen zu werden.

Wir kommen zurecht zur Rückkehr des Neptunzugs in die Innenstadt. Die Zuschauer sind schon von der See- zur Stromseite der St. Charles gewechselt. Es ist jetzt ziemlich finster. Die Straßenbeleuchtung vergoldet von innen das nasse Laubwerk der immergrünen Eichen. Von den Tchoupitoulas Docks trägt ein Südwind den Geruch von Kaffee herbei. Berittene Polizei drängt die Menge zur Bordkante zurück. Den dunkel-gleichförmigen Hintergrund bilden Neger von der Louisiana Avenue und von Claiborne; einige Männer tragen Kinder auf den Schultern und lassen sie über die Menge schauen.

Der Ordnungswagen mit seinem Turmaufsatz nähert sich: der freie Raum unter den Eichen wird geprüft, ein paar nasse herabhängende Äste werden abgeschnitten. Jetzt kommen die erwarteten Fackelträger, eine Vorhut von einem halben Dutzend seltsamer Neger in schmutzigen Ku-Klux-Klan-Gewändern; jeder hält einen Strauß aus rosa und weißem Lichtgeflacker empor. Die Fackeln sorgen für Aufregung. Die Träger bewegen sich geschwind und ganz nah an der Menge vorbei und lassen über alle Welt einen Funkenregen herniederstieben. Sie behalten einander im Auge, um auf gleicher Höhe zu bleiben, wobei die wilden schwarzen Gesichter grimmig aus den fleckigen Kapuzen lugen. Kate lacht ihnen zu. Die Neger unter den Zuschauern finden die Fackelträger komisch, doch deren heftige Art, die verächtliche Behandlung der Menge, erregt sie zugleich. Rufe wie: »Schaut euch *den* an! So ein Kerl!«

Die Festwagen kommen unter den Bäumen dahergerumpelt. Manche Väter haben Stehleitern mitgebracht, mit oben drangenagelten leeren Orangenkisten, groß genug für drei Kinder. Diese Glücklichen starren mit offenem Mund auf die Maskierten, die in Augenhöhe und fast in Reichweite vorbeiziehen. Mit den falschen Nasen und den schwarzen Pflastern sehen die Maskierten wie Kreuzfahrer aus. Doch die Gespenster sind erstaunlich gutherzig: sie beugen sich vor und lassen ganze Büschel von Hals- und Armbändern fallen oder streuen sie aus über das farbige Volk in dem gleichförmigen Hintergrund. Highschool-Kapellen aus Nord-Louisiana und Texas folgen dem

Wagen. Negerjungen rennen hinter den Zuschauern vorbei, um gleichauf mit der Parade zu bleiben und den Tand aufzufangen, der zu weit geworfen wird.

Der Krewekapitän und ein Duke kommen auf uns zugeritten.

Ich frage Kate, ob sie Walter sehen möchte.

»Nein.«

»Dann gehen wir.«

In der Tchoupitoulas Street wird *Panic in the Streets* mit Richard Widmark gezeigt. Der Film ist in New Orleans gedreht. Richard Widmark spielt einen Gesundheitsbeamten, der erfährt, daß in der Stadt eine Cholerabazillen-Kultur außer Kontrolle geraten ist. Kate schaut zu, die Lippen offen und trocken. Sie versteht meine Kinoleidenschaft, aber auf ihre eigene, seltsame Weise. In einer Szene erscheint die nächste Umgebung des Kinos. Kate blickt mich nur an – es ist ausgemacht, daß wir während des Films nicht reden.

Draußen auf der Straße betrachtet sie dann die Gegend. »Ja, das ist nun bezeugt.«

Sie spielt auf ein Kinogeher-Phänomen an, das ich »Bezeugung« genannt habe. Heutzutage gilt doch, daß die Umgebung, in der ein Mensch lebt, für ihn nicht mehr bezeugt ist. Mit aller Wahrscheinlichkeit lebt er da in Traurigkeit dahin, während in ihm sich Leere ausbreitet und schließlich die ganze Umgebung aushöhlt. Doch wenn er einen Film sieht, der ihm die eigene Gegend zeigt, vermag er, wenigstens eine Zeitlang, als jemand zu leben, der Hier ist und nicht Irgendwo.

Kate fühlt sich nur scheinbar besser. Sie geht sich selber in die Falle: diesmal, indem sie »mein Kumpan« ist, der beste aller Kumpane, in meine kleinen »Theorien« ganz eingeweiht. Auch jetzt spielt sie bloß eine Rolle. In ihrem langen Alptraum wird sogar unsere alte Freundschaft in etwas Gräßliches umgekrempelt; alles, an das sie rührt, verwandelt sich unweigerlich in Grauen.

ZWEI

1

Die Karneval-Woche vor Mardi Gras; Geschäft: sehr flau. Aber am Morgen beim Aufwachen denke ich stark an »American Motors«. Ich verkaufe meine Ford-Anteile und kaufe American Motors (Index 26 ½).

Heute früh wieder der Traum vom Krieg, nicht gerade ein Traum, eher ein Trugbild – und wieder dringt ins Büro der ekle Quittengeruch von 1951 und dem Fernen Osten. Es ist nicht Angst, sondern der Geruch von Angst: lästig-lustvoll wie ein wunder Zahn, den die Zunge nicht in Ruhe lassen kann. Er verpestet alles im Büro. Eine Einkommens-Analyse erinnert an ihn; eine Dame, die kam, um ihre A. T. & T.-Obligationen abzuholen, roch danach.

Einzig meine Sekretärin bleibt verschont. Sie heißt Sharon Kincaid; aus Eufala, Alabama. Obwohl sie schon zwei Wochen für mich arbeitet, habe ich sie noch nicht um ein Rendezvous gebeten; zwischen uns wurde nur Geschäftliches besprochen. In Wahrheit denke ich seit zwei Wochen fast ausschließlich an sie. Sie wirkt bis jetzt ziemlich unbeteiligt. Eigentlich ist sie nicht schön: hochgewachsen wie eine Majorette, das Gesicht ein wenig zu klein und niedlich (wie ein Renoir-Mädchen), die Augen ein wenig zu gelb. Aber ihr Anblick erfrischt. Ihr Hintern ist so schön, daß meine Augen sich mit Tränen der Dankbarkeit füllten, als sie einmal quer durch den Raum zum Wasserkühler ging. Sie ist eine der dörflichen Grazien, mit denen der Süden so gesegnet ist. Dem schäbigsten Haus in der schäbigsten kleinen Siedlung, den Lenden von »Papa Redneck« und »Mama Rockface« entspringen diese Hochgestalten, millionenfach. Sie sind häufiger als Spatzen, und wie Spatzen trifft man sie auf den Straßen, in den Parks, auf Türschwellen. Niemand wundert sich über sie; niemand hegt sie. Stracks erheben sie sich aus ihren Nestern und lassen sich in den großen Städten nieder, verschwinden da, und niemand vermißt sie. Sogar ihre Männer beachten sie nicht, beachten sie jedenfalls viel weniger als Geld. Aber ich wundere mich über sie; vermisse sie; hege sie.

Ich telefoniere öfter mit meiner Tante und mit Kate. Kate scheint es besser zu gehen, und meine Tante freut sich und ist mir dankbar. Sie hat für Kate einen Termin bei Dr. Mink vereinbart, und Kate will auch hingehen. Wenn Kate mich anruft, spricht sie in ihrem analytischen Ton. Das strengt uns beide an. Aus irgendeinem Grund fühlt sie sich verpflichtet, sich etwas außerhalb der Konvention zu halten. Wenn ich mich am Telefon melde, höre ich statt »Hallo, hier ist Kate« eine extra-tiefe Stimme, die zum Beispiel sagt: »Die Messer sind wieder geflogen« – was bedeutet, daß es zwischen ihr und ihrer Mutter Streit gegeben hat; oder: »Weißt du, daß ich doch wieder die Riten des Frühlings begehe?« – was bedeutet, daß sie beschlossen hat, an dem jährlichen Supper für die früheren Neptunköniginnen teilzunehmen. Es ist, wie gesagt, anstrengend für uns beide, aber ich bin froh, von ihr zu hören. In Wahrheit mache ich mir Sorgen um sie, mehr als ihre Stiefmutter. Kate sucht mit Gewalt einen Weg ins Freie und versperrt sich dann selber die Tür. Sie hat ihre Verlobung mit Walter gelöst. Doch ihre Stiefmutter hat dafür Verständnis, und Walter, so scheint es, auch. Er hält sich in Treue bereit – es ist Walter, der sie für das Königinnen-Supper zum Hotel fahren wird. Alles scheint geordnet: Kate jedoch empfindet Unbehagen. »Sie glauben, mir zu helfen, aber sie sind keine Hilfe«, sagt mir die tiefe Stimme ins Ohr. »Wenn sie doch aufhörten, sich so verdammt verständnisvoll zu verhalten, und mich aus dem Haus jagten. Ich möchte mit zwei Dollar in der Tasche die Straßenbahn in die Innenstadt nehmen und mich als Stewardeß bewerben. Wie wunderbar wäre es, für die nächsten zwanzig Jahre dreimal in der Woche nach Houston und zurück zu fliegen.« »Warum gehst du also nicht aus dem Haus und suchst dir den Job?« frage ich. Schweigen; und dann ein Klick. Doch das bedeutet nichts. Jäh aufzulegen ist Teil unserer analytischen Redeweise.

Sharon scheint diese alexandrinischen Unterhaltungen nicht zu beachten, obwohl wir im selben kleinen Büro arbeiten. Heute trägt sie ein ärmelloses gelbes Baumwollkleid; ihre Arme erscheinen da zart wie die eines kleinen Mädchens. Aber wenn sie die Hand zum Haar führt, wird ein kräftiger Arm sichtbar. Der weiche runde Muskel ist schlaff vom eigenen Gewicht. Einmal hat sie mit der flachen Hand nach einer Fliege geschlagen: der Leichtmetalltisch hat davon getönt wie ein Gong. Sie wendet mir den Rücken zu, sitzt aber schräg, so daß ich ihre Wangenlinie sehe, mit dem Haarflaum, dem slawischen Vorsprung unter der Augenkerbe und der jähen zarten Einwärtskrümmung, die das Gesicht blumenblattartig verkürzt. Auf ihrem Tisch steht eine Photographie ihres Vaters: das gleiche Vordringen des Wangenknochens in die Augenhöhle, das die Augen zu einer scheelen, beinahe »chinesischen« Tücke verengt, wirkt an ihm so häßlich, und so reizvoll an ihr. Während sie tippt, drückt das kleine nierenförmige Kissen ihr in den Rücken, als schönes Gegengewicht.

Ich bin entbrannt für Sharon Kincaid. Sie weiß wohl nichts davon. Weder habe ich sie um ein Rendezvous gebeten noch war ich besonders freundlich. Im Gegenteil: ich war distanziert und korrekt wie ein Nazi-Offizier im besetzten Paris. Aber als sie heute morgen ihre guatemaltekische Tasche von den Schultern streifte und das Haar von dem kurzen Kragen lüpfte, sauste es in meinen Ohren wie von einem Wüstenwind. Zufällig weiß ich, daß in der guatemaltekischen Tasche eine Ausgabe von *Peyton*

Place ist. Sie hatte das Buch schon bei sich, als sie sich um die Stelle bewarb, eine Drugstore-Kopie, die sie unter dem Geldbeutel hielt. Seitdem ist die Tasche immer davon schwer gewesen – ich sehe es an ihrem Schwung. Sie liest das Buch beim Mittagessen in der A&G-Cafeteria. Ihren Literaturgeschmack nahm ich zunächst für ein gutes Omen, aber jetzt denke ich anders. Meine Sharon sollte dieses Zeug nicht lesen.

Sie ist mir teuer geworden. Zum ersten Mal verstehe ich die Verstiegenheiten der Poeten: wie beneide ich dich, kleines, nierenförmiges Kissen! Deinen Platz einzunehmen und an deiner Statt mich in die sanfte Höhlung ihres Rückens zu schmiegen, etc. Kürzlich beklagte sich Frank Hebert von der Spar- und Darlehensfirma nebenan über seine Unkosten: die Miete, die Bürokraft ... Nicht auszudenken, daß Sharon Kincaid ein Posten auf einer Liste wäre, über dem Pförtner, unter der Miete. Aber ich wage nicht, ihr Gehalt zu erhöhen, obwohl ich das rechtens längst hätte tun sollen. Sie ist eine erstklassige Sekretärin, rascher von Begriff als Marcia und Linda. Aus unserem Einstellungsgespräch habe ich bloß folgendes erfahren: Sie kommt von Barbour County, Alabama; zwei Jahre Birmingham Southern Highschool; die Eltern haben die Farm aufgegeben und sind geschieden; die Mutter verkauft echtseidene Strumpfwaren und besucht Sharon oft, lebt aber woanders. Sharon wohnt in einem Esplanade-Apartmenthaus. Ihre Zimmerkollegin arbeitet für Alcoa. Eines Nachts bin ich an dem Haus vorbeigefahren: ein hoher schmaler Turm mit blauen Fenstern, im Erdgeschoß eine Auslage mit Klempnerzubehör.

Ich bleibe zu ihr in Distanz wie Gregory Peck. Ich bin groß und schwarzhaarig und verstehe es so gut wie er, mich zurückzuhalten; die Augen schmal erscheinen zu lassen und die Wangen mager, die Lippen zu kräuseln und ein kurzes Wort zu sagen, mit einem leichten Nicken.

Distanz ist gut. Heute pfeift der Wind in meinem Kopf lauter denn je. Ich bin fast krank davon. Das Verlangen nach ihr greift mir ans Herz, wie Trauer. Vor zehn Minuten ist sie mit ihrem Stuhl rückwärtsgerollt, um mir einen Brief zu reichen; sie hat mich nicht einmal berührt, aber ich hörte um mich Rosenkavaliers-Gesang, roch die gelbe Baumwolle und den nahenden Sommer. Einmal kam sie mit ihrem warmen Vorderarm an meine Hand: Funken sprühten mir an den Augen vorbei, und ein Schwindel ergriff mich.

Heute lese ich *Arabia Deserta* (versteckt in einem Standard- & Poor-Umschlag). Sie verheimlicht *Peyton Place;* ich verheimliche *Arabia Deserta.*

»Angenehm ist, nach der wüsten Hitze des Tages, das häusliche Abendfeuer. Die Sonne geht unter in einer arabischen Hochlandsteppe, mehr als dreitausend Fuß über dem Meer. Die dünne, trockene Luft kühlt nun ab, der Sand wird schnell kalt; aber in drei Fingern Tiefe bleibt die Wärme des Sonnentages zurück und erhält sich bis zum nächsten Sonnenaufgang. Nach einer halben Stunde kommt die blaue Nacht. Klares, graues Sternenlicht, in dem der Gürtel der Milchstraße mit wunderbarer Deutlichkeit schimmert. Bei Sonnenuntergang bringt die Nomadin ein Bündel von Stöcken und trockenem Buschwerk herbei, das sie in der Wildnis ausgerupft oder mit einer Axt abgehackt hat (ein bei ihnen seltenes Werkzeug); sie lädt diesen Vorrat neben unserem Herd ab, für das süß riechende Abendfeuer.«

Es gab eine Zeit, da war dies das letzte Buch auf Erden, das ich als Lektüre gewählt hätte. Bis vor einigen Jahren habe ich nur »grundlegende« Bücher gelesen, das heißt, Schlüsselbücher zu Schlüsselthemen, wie *Krieg und Frieden*, den Roman der Romane; *A Study of History*, die Lösung des Problems der Zeit; Schrödingers *Was ist Leben?*, Einsteins *Das Universum, wie ich es sehe*, und dergleichen. Während dieser Jahre stand ich außerhalb des Universums und versuchte, es zu verstehen. Ich lebte in meinem Zimmer als »Irgendwer«, der »irgendwo« lebte, las grundlegende Bücher, und wenn ich Spaziergänge in die Umgebung unternahm und manchmal ins Kino ging, geschah das nur zur Zerstreuung. Sicherlich war es nicht wichtig für mich, zu wissen, wo ich mich befand, als ich etwa *Das sich ausdehnende Universum* las. Das Haupterlebnis bei dieser Beschäftigung, die ich meine »vertikale Suche« nenne, hatte ich eines Nachts, als ich in einem Hotelzimmer in Birmingham ein Buch mit dem Titel *Die Chemie des Lebens* las. Als ich es beendet hatte, schien mir, daß die großen Ziele meiner Suche erreicht oder im Prinzip erreichbar seien, worauf ich hinausging und einen Film namens *It happened One Night* sah, der auch für sich sehr gut war. Eine denkwürdige Nacht. Die einzige Schwierigkeit: das Universum war geordnet, und ich war übriggeblieben. Da lag ich in meinem Hotelzimmer, am Ende meiner Suche, aber immer noch verpflichtet, einen Atemzug zu tun, und dann den nächsten. Jetzt aber betreibe ich eine andere Suche: eine »horizontale«. Folglich ist weniger wichtig, was in meinem Zimmer geschieht. Wichtig ist, was ich finde, wenn ich mein Zimmer verlasse und in die Umgebung aufbreche. Zuvor ging ich weg zur Zerstreuung. Nun treibe ich mich ernsthaft herum und sitze und lese zur Zerstreuung.

An Sharon bewegt sich nicht einmal ein Haar, wenn ich mit meiner Tante in unserem alten Feliciana-Stil über Kate und mit Kate in unserem Analyse-Stil rede. Aber sie erkennt die Stimmen und übergibt mir den Hörer mit einem »Mrs. Cutrer« oder einem »Miss Cutrer«. Als sie jetzt das Telefon wieder abnimmt, kommt mir der Gedanke, daß sie vielleicht doch nicht ganz so selbstvergessen ist. Sie neigt den Kopf und legt den Bleistift an die Wange wie die Sekretärin im Reklamespot. Sie drückt den Hörer gegen die Brust.

»Ich habe vergessen: Mr. Sartalamaccia hat vorhin angerufen.«

»Ist er das jetzt wieder?«

Sie nickt. Ihre Achat-Augen schauen mich an. Ich reagiere in der Gregory-Peck-Manier und nehme den Hörer, ohne sie zu beachten.

Es ist nichts übermäßig Wichtiges. Mr. Sartalamaccia möchte Land kaufen, genauer gesagt, meinen väterlichen Erbteil, eine eher wertlose Sumpfparzelle im St. Bernard Parish. Er bietet achttausend Dollar. Ich könnte sofort zusagen, aber plötzlich kommt mir eine Gregory-Peck-Idee. Ich schlage Mr. Sartalamaccia vor, daß wir uns am nächsten Morgen um zehn Uhr dreißig an Ort und Stelle treffen. Er scheint enttäuscht.

»Miss Kincaid, ich hätte gern, daß Sie morgen mit mir im St. Bernard Parish eine Urkunde kopieren.« Es wäre tatsächlich interessant zu erfahren, wieviel mein Vater für das Grundstück bezahlt hat. Jede Handlung meines Vaters, sogar seine Unterschrift, ist ein wesentlicher Fingerzeig bei meiner Suche.

»St. Bernard Parish?« Zu Sharon, frisch aus Eufala, hätte ich ebensogut sagen können: »Mont Saint-Michel.«

»Wir sind um eins hier zurück.«

»Von mir aus auch später – wenn ich nur am Abend um sieben Uhr dreißig wieder zu Hause bin.«

Jetzt bin ich Gregory Grimmig, und nicht gespielt. Drei Wochen in New Orleans, und schon Verabredungen?

2

Nach der Geschäftszeit kommen noch Kunden, und es ist später Abend, als ich das Büro verlasse. Anders als bei den großen Maklern der Innenstadt sind die meisten unserer Klienten Ladeninhaber und Angestellte. Es macht mich zufrieden, Geld zu verdienen. Nicht einmal Sharon oder *Arabia Deserta* könnten mich davon abhalten. Als ich gestern abend von Khalil auf dem Hochplateau der Neged las, kam mir wieder einmal eine Idee. Verlockend an ihr ist, daß sie nicht nur Geld einbringen, sondern auch die Annäherung an Sharon erleichtern dürfte. Ich werde morgen mit ihr darüber reden. (Meine Königsidee ist das Gebäude hier selber. Mit seinen korinthischen Pilastern, der Säulenhalle und den Eisenschnörkeln über den Fenstern gleicht es einer Miniaturbank. Der Firmenname »Cutrer, Klostermann and Lejier« steht gestanzt in gotischen Lettern; darunter kleiner der Name der Bostoner Mutual Fonds, die wir repräsentieren. Es wirkt weit konservativer als die modernen Banken in Gentilly. Es verkündet der Welt: Moderne Methoden sind schon recht, doch hier ist das gute Altmodische, das Handfeste, das Handfeste mit Phantasie. Ein kleines Stück altes Neuengland mit kreolischer Würze. Die Parthenonfassade kam auf zwölftausend Dollar, aber die Aufträge haben sich verdoppelt. Der junge Mann, der drinnen am Werk ist, ist die Redlichkeit an sich; er will nur, daß Sie ihm gestatten, Ihre Zukunft zu planen. Wahr: Das ist alles, was ich will.)

Die Sonne ist untergegangen, aber der Himmel ist leuchtend klar, im Osten apfelgrün. Nichts ist übrig vom Smog außer einem Dunstballen über Chef Menteur. Nachtschwalben schnappen in der warmen Luft knapp über dem Pflaster nach den Insekten. Sie tauchen herab, stoßen ihr schrilles »Skonk-Skonk« aus und heben sich wieder in die hellen oberen Schichten.

Ich bleibe an der Ecke der Elysian Fields stehen, um bei Ned Daigle eine Zeitung zu kaufen. Ned ist ein ehemaliger Jockey und schaut ein bißchen aus wie Leo Carroll, nur älter und vertrockneter. »What seh, Jackie«, ruft er in seinem heiseren Baß, heiser wie die Nachtschwalben, geht von Auto zu Auto und faltet dabei schnell die Zeitungen zusammen. Er nützt den stehenden Verkehr an der Ampel und verkauft oft ein halbes Dutzend Zeitungen, bevor das Licht wieder umspringt. Ned kennt jeden an den Fairgrounds, eingeschlossen die örtlichen Spitzbuben und Erpresser. In der Renn-Saison bringt er sie mir oft ins Büro. Aus irgendeinem Grund hält er meine Wertpapiermaklerei für eine tugendhafte und wohltätige Einrichtung, so etwas wie eine Kirche. Auch die Gangster glauben das; gar nicht wenige von ihnen kaufen Wachstumsfonds für ihre Kinder. Onkel Jules wäre erstaunt über so manche Anteilinhaber am »Massachusetts Investor Trust«.

»Was hast du für Karneval vor, Jackie?«

Wir stehen auf der Betoninsel zwischen den beiden Verkehrsströmen. Die Ampel springt um, und Ned macht sich wieder auf den Weg.

Der Abend ist die schönste Zeit in Gentilly. Wenig Bäume, niedrige Gebäude, die Welt nichts als Himmel. Der Himmel ist ein tiefer leuchtender Ozean voll Licht und Leben. Der Stutenschweif einer Zirruswolke erhebt sich über dem Golf. Hoch über dem See zieht ein geknicktes V von Ibyssen zu den Sümpfen hin; sie erstrahlen weiß, als sie in den schrägen Bereich der untergehenden Sonne fliegen. Turmschwalben steigen bis zu einer windigen mittleren Höhe himmelan und stoßen zwitschernd herunter, so schnell, daß ich sie zunächst für Mücken halte, die meine Augenlider streifen. Ganz hinten in dem Apfelgrün ist eine Lockhead Connie im Anflug aus Mobile; ihre Lichter blinken in der Dämmerung. Eisenbahnwaggons, Greyhoundbusse und Diesellaster rumpeln auf die Golfküste zu; die magischen Rücklichter glimmen wie Rubine im abendlichen Osten. Fast alle Geschäftsgebäude sind leer, nur an den Tankstellen spritzen die Angestellten mit Wasserschläuchen den Betonunterbau der leuchtenden Scheiben, Muscheln und Sterne ab.

Auf dem Heimweg bleibe ich am »Tivoli« stehen. Es wird ein Jane Powell-Film gezeigt, und ich habe nicht vor, ihn mir anzuschauen. Aber Mr. Kinsella, der Geschäftsführer, sieht mich und zieht mich buchstäblich am Mantelzipfel hinein, für einen Probeblick. Er sagt, der Film sei ein wirkliches Kleinod, und er meint das auch. Jane geht da mit jemandem die Straße hinunter, reizend, mit ausladenden Bewegungen, fingerschnippend und ein Lied absingend. Der Türsteher, der Polizist an der Ecke, der Taxifahrer, jeder versunken in sein privates Elend: sie alle lächeln und fangen zu tänzeln an. Es kommt nicht oft vor, daß ein Film mich bedrückt, und Jane Powell ist ein sehr liebes Mädchen – aber eine solche Hoffnungslosigkeit schlägt auf die Eingeweide. Ich schaue im Saal umher. Auch Mr. Kinsella hat seine Probleme. Nur ein paar vereinzelte Kinogeher sitzen da verstreut in der Düsternis, die Nachmittagssorte, die gespenstischste von allen, jeder versunken ins eigene Elend, ob mit oder ohne Jane. Beim Hinausgehen halte ich am Kassenfenster und rede mit Mrs. de Marco, einer schwarzhaarigen, schmalen, bekümmerten Dame, die hier arbeitet, seit ich in Gentilly bin. Sie mag keine Filme, und ihr Job macht ihr keine Freude (obwohl sie jeden Abend fast die ganze Nachtvorstellung sehen könnte). Ich sage ihr, daß sie einen sehr schönen Job hat und daß ich selber nichts lieber täte, als Nacht für Nacht da zu sitzen, in Betrachtung der Abende über den Elysian Fields, aber sie glaubt immer, ich mache mich lustig über sie, und so reden wir statt dessen über die Karriere ihres Sohnes bei der Air Force. Er ist in Arizona stationiert, und er haßt die Wüste. Es betrübt mich, das zu hören, denn ich selber wäre sehr gern da draußen. Jedenfalls interessiert mich das Gespräch. Bevor ich einen Film sehe, ist es für mich wichtig, etwas über das Kino zu erfahren oder über die Leute, die da beschäftigt sind; ich muß die Umgebung wittern, bevor ich hineingehe. Auf solche Art habe ich Mr. Kinsella kennengelernt:

ich habe ihn in ein Gespräch über den Kinobetrieb verwickelt. Es ist auffällig, daß die meisten Leute niemanden zum Reden haben, das heißt, niemanden, der wirklich Lust am Zuhören hat. Sobald einem Menschen dämmert, daß man tatsächlich etwas über sein Geschäft hören möchte, geschieht etwas mit seinem Gesicht, das sehenswert ist. Damit ich nicht falsch verstanden werde: ich bin kein heilsbringender Jose Ferrer, der pfeifend herumgeht, um die Leute glücklich zu machen. Solche Heilsbringer wollen gar nicht zuhören, sie sind nicht selbstsüchtig wie ich; sie sind nette Burschen, die sich selber zu Tode langweilen, und ihrem Publikum wird nicht wirklich geholfen. Zeigen Sie mir einen netten Jose, wie er einer alten Dame hilft, und ich werde Ihnen zwei verzweifelte Menschen zeigen. Meine Mutter hat mich oft ermahnt, nicht selbstsüchtig zu sein, doch ich traue solchem Rat nicht mehr. Nein, was ich tue, tue ich aus guten selbstsüchtigen Gründen. Würde ich nicht mit dem Kinobesitzer oder der Kartenverkäuferin reden, wäre ich verloren, metaphysisch gesprochen, »ausgesetzt«. Ich sähe die Kopie eines Films, der egal wo, zu egal welcher Zeit gezeigt würde. Es ist gefährlich, kurzweg außerhalb von Zeit und Raum zu geraten. Man kann so zu einem Gespenst werden und nicht mehr wissen, ob man sich gerade im Loews-Kino in der Innenstadt von Denver befindet oder im Bijou draußen vor Jacksonville. So ist es mir ergangen.

Doch es war hier im Tivoli, daß ich zum ersten Mal Ort und Zeit entdeckte und sie kostete wie Okra. Während einer Wiederaufführung von *Red River* vor einigen Jahren wurde ich mir der ersten zarten Neugier bewußt bezüglich des besonderen Sitzes, auf dem ich dasaß, bezüglich der Dame in der Ticketkabine …

Als Montgomery Clift den John Wayne verprügelte (eine absurde Szene), machte ich in meinem Sitz eine Markierung mit dem Daumennagel. Wo, so dachte ich, wird dieses besondere Stück Holz in zwanzig Jahren sein, in 543 Jahren? Als ich vor zehn Jahren einmal durch den Mittleren Westen fuhr, hatte ich bei einem Dreistundenaufenthalt in Cincinnati Zeit genug, Joseph Cotten in *Holiday* anschauen zu gehen. Der Film lief in der Nähe, in einem Kino namens »Altamont« – aber ich ging nicht hinein, bevor ich nicht Bekanntschaft mit der Kartenverkäuferin geschlossen hatte, einer Dame namens Mrs. Clara James. Sie erzählte mir von ihren sieben Enkelkindern, die alle in Cincinnati lebten. Wir schicken einander immer noch Weihnachtskarten. Mrs. James ist der einzige Mensch, den ich kenne im ganzen Staate Ohio.

Das erste, was ich zu Hause sehe, ist der Brief meiner Tante, der hinter der Aluminiummöwe an der Tür steckt. Ich weiß, worum es sich handelt. Es ist gar kein Brief, sondern ein Memo. Zu unseren seriösen Gesprächen kommen ihr oft Nachgedanken, die sie sofort mitzuteilen wünscht. Manchmal schickt sie mir ein Memo aus heiterem Himmel. Ich mache ihr viele Sorgen.

Bevor ich den Brief freilich lese, kommt Mrs. Schexnaydre herunter und leiht mir ihr Reader's Digest-Heft.

Mrs. Schexnaydre ist eine kräftige, ponygroße Blondine, die Sommer und Winter Tuchschuhe trägt. Sie ist sehr gut zu mir und schaut darauf, daß alles frisch und sauber bleibt. Die arme Frau ist ziemlich allein; ausgenommen die Maler, Zimmerleute und Elektriker, die immer ums Haus herum sind, kennt sie niemanden. Sie lebt seit ihrer Geburt in New Orleans und kennt niemanden. Manchmal sehe ich mit ihr fern, wir leeren gemeinsam eine Flasche »Jax«-Bier, und sie redet über ihre Zeit an der MacDonough Nr. 6-Schule, die glücklichste Periode in ihrem Leben. Das Fernsehen ergibt sich ganz natürlich, weil ihr Apparat Channel 12 empfängt und meiner nicht. Sie läßt kein

Quizprogramm aus und glaubt, sie kenne die Teilnehmer in- und auswendig. Manchmal kann ich sie sogar überreden, mit mir ins Kino zu gehen. Nur vor Negern ängstigt sie sich. Obwohl in diesem Teil von Gentilly selten welche zu sehen sind, ist unser Garten bewehrt mit einem acht Fuß hohen Hurrikanzaun; jedes Fenster ist vergittert. Im Lauf der Jahre hat sie sich drei Hunde angeschafft, jeden, weil ihm der Ruf einer besonderen Abneigung für Neger vorausging. Ich habe zwar nichts Besonderes gegen diesen Charakterzug bei einem Hund – denn nach allem, was ich weiß, mag Mrs. Schexnaydres Angst nicht ganz unberechtigt sein; aber es sind miserable Köter und, noch schlimmer, sie sind auch gegen mich. Einen verachte ich besonders, eine orangefarbene Bestie mit dem Gesicht eines Spitz und einem buschigen Schweif, der sich beim Wedeln aufstellt und dabei einen großen, gewundenen After zeigt. Ich habe mir angewöhnt, ihn den »alten Rosebud« zu nennen. In der Regel begnügt er sich damit, mich zu fixieren und die Zähne zu fletschen, aber in einer nebligen Nacht schoß er einmal unter einem Azaleenbusch hervor und biß mich ins Bein. Ab und zu, wenn ich weiß, daß Mrs. Schexnaydre außer Haus ist, gebe ich ihm einen kräftigen Tritt in die Rippen und erquicke mich an seinem Geheul.

»Ich habe Ihnen einen netten Artikel angestrichen«, sagt sie rasch und beeilt sich zu verschwinden, als wollte sie zeigen, daß sie nicht zu den Zimmerwirtinnen gehört, die mit ihren Mietern familiär tun.

Ich freue mich über die Zeitschrift. Die Artikel sind in der Tat nett und herzerwärmend. Leute, von denen man sonst meint, daß sie einander nicht mögen oder einander zumindest gleichgültig sind, entdecken da, wieviel sie gemeinsam haben. Ich erinnere mich vage an einen Artikel über eine Subway-Panne in New York. Die Fahrgäste, die zuvor ihre Nasen in die Zeitungen gesteckt hatten, fingen an, miteinander zu reden. Sie entdeckten, daß die anderen wie sie selber waren, mit den gleichen Hoffnungen und Träumen; die Menschen sind auf der ganzen Welt eher gleich (so schloß der Artikel), sogar die New Yorker, und finden bei gegebener Gelegenheit mehr Liebenswertes aneinander als Abstoßendes. Ein einsamer Alter erzählte einem jungen Mädchen aufgeregt von seinem Hobby, Irise in einem Fensterkasten zu züchten, und sie erzählte ihm von ihren Hoffnungen auf eine Malkarriere. Ich muß Mrs. Schexnaydre zustimmen: solche Begebenheiten sind tatsächlich herzerwärmend. Andrerseits würde es mich nervös machen, mich in einer derartigen Menschenansammlung zu finden. Ehrlich gesagt: wenn ich ein junges Mädchen wäre, würde ich nichts zu tun haben wollen mit freundlichen Philosophengreisen, wie sie im Kino zum Beispiel dargestellt werden von Thomas Mitchell. Diese Kerle kommen mir fischig vor.

Ich kann den Artikel jetzt nicht lesen. Der Brief meiner Tante geht vor. Sie denkt ständig an andre Leute – sie ist meines Wissens die einzige Person, die nicht selbstsüchtig ist. Sowie sie etwas liest oder etwas denkt, was andern nützen könnte, wird sie es wahrscheinlich gleich notieren und den Betreffenden schicken. Ja, es ist ein Memo, ohne Anrede oder Unterschrift; ein einziger kompakter Absatz in einer hektischen, linksgeneigten Schrift.

»Denk jeden Moment fest als Römer und als Mann, um das, was du zu tun hast, in vollkommener und schlichter Würde zu tun, und mit einem Gefühl von Liebe, Freiheit und Gerechtigkeit. – Diese Worte des Kaisers Marcus Aurelius Antoninus erscheinen mir als ein sehr gültiger Leitspruch, auch für den schlimmsten jungen Taugenichts.«

Mein Apartment ist so unpersönlich wie ein Motelzimmer. Ich achte darauf, keine Habseligkeiten anzuhäufen. Die Bibliothek besteht aus einem einzigen Buch, *Arabia Deserta*. Der Fernseher sieht aus, als würde er nur mit Münzen funktionieren. An der Wand über dem Bett hängen zwei Currier-und-Ives-Drucke von Schlittschuhläufern im Central Park. Wie trist sind die in Reihen dahingleitenden kleinen Figuren. Wie traurig ist die Stadt.

Ich schalte den Fernseher an und sitze genau davor, kerzengerade, die Hände auf den Knien, in meinem Flechtsessel. Es gibt einen Film mit Dick Powell. Er ist ein zynischer Geschäftsmann, der versucht, die Kontrolle über eine Kleinstadtzeitung zu bekommen. Aber die Freundlichkeit und Offenheit der Leute sind verblüffend. Auch der Herausgeber, den er zu ruinieren versucht, ist nett zu ihm. Sogar als er ihn übers Ohr haut und ihm eine Herzattacke beschert, an der er später stirbt, bleibt er freundlich und nutzt die Gelegenheit, Powell ein Beispiel seiner persönlichen Philosophie zu geben. »Als Stadt sind wir nichts Besonderes«, sagt er auf dem Totenbett, auf der Kippe zur Ewigkeit. »Aber wir sind freundlich.« Am Schluß ist Powell von der Güte dieser Leute bekehrt: er gibt den Versuch auf, die Zeitung zu kontrollieren, und bewirbt sich bei der Tochter des Herausgebers um einen Reporterjob, um die politische Korruption zu bekämpfen.

Es wird Zeit, Kate abzuholen.

3

An diesem Abend, Donnerstag abend, gelingt mir ein Wiederholungs-Experiment.

Vor vierzehn Jahren (in meinem zweiten Studienjahr) sah ich

einen Western in einem Kino an der Freret Street. Viele Studenten gingen da hin, und der Ort hieß bei ihnen »Armpit« (das ist: Achselhöhle). Bei dem Film handelte es sich um *The Oxbow Incident* (ein guter Film). Es war etwa um dieselbe Jahreszeit wie jetzt, denn ich erinnere mich an den Duft von Liguster, als ich ins Freie trat, und an die unter den Sohlen platzenden Kampferbeeren. (Alle Filme riechen nach einer Umgebung und nach einer Jahreszeit: einen meiner ersten Filme, *Im Westen nichts Neues*, sah ich in Arcola, Mississippi, im August 1941, und das gewaltige Geschehen ging vor sich – nicht bloß dazu passend, sondern damit eins – in der dicken, singenden Dunkelheit des Delta-Sommers und im Wohlgeruch des Baumwollmehlkuchens. Gestern abend war in der *Times-Picayune* im selben Kino wieder ein Western angezeigt. So fuhr ich im Auto zum Haus meiner Tante, und dann nahmen wir die Straßenbahn die St. Charles Avenue hinauf, damit wir dann durch den Campus zu Fuß gehen könnten.

Nichts hat sich verändert. Da saßen wir – ich wahrscheinlich auf demselben Platz – und gingen danach in den Ligusterduft hinaus. Kampferbeeren platzten unter den Sohlen an derselben schadhaften Stelle im Pflaster.

Eine gelungene Wiederholung.

Was ist eine Wiederholung? Eine Wiederholung ist die Wieder-Herstellung einer vergangenen Erfahrung, zu dem Zweck, das entschwundene Segment Zeit auszusondern, dergestalt, daß sie, die entschwundene Zeit, als sie selber erfahren werden kann, ohne die übliche Verfälschung durch Ereignisse, die die Zeit verklumpen läßt wie Erdnüsse in Melasse. Letzte Woche zum Beispiel habe ich eine »zufällige Wiederholung« erlebt. Ich stieß in der Bücherei auf eine deutschsprachige Wochenzeitschrift mit einer Reklame für Nivea: eine Frau hielt ein großporiges Gesicht in die Sonne. Da erinnerte ich mich, dieselbe Reklame vor zwanzig Jahren in einem Magazin auf dem Schreibtisch meines Vaters gesehen zu haben, mit derselben Frau; dasselbe großporige Gesicht, dieselbe Nivea-Creme. Und die Geschehnisse der dazwischenliegenden zwanzig Jahre wurden annulliert: die dreißig Millionen Toten, die unzähligen Folterungen, Entwurzelungen, Vertreibungen. Nichts Schwerwiegendes konnte sich ereignet haben – denn Nivea-Creme war dasselbe wie zuvor. Nur die Zeit selbst war übrig, als paradiesisch sanfte Erdnußcreme-Erstreckung.

Und das Aroma meiner eigenen vierzehn Jahre seit *The Oxbow Incident*?

Wie üblich trug es mich hinweg. Zuerst war ich nur belustigt über die alten Stühle mit dem gespaltenen Sperrholz und den aufgeschlitzten Sitzflächen, die gleichwohl überdauert hatten, als wollten sie mitkriegen, was ich mit den vierzehn Jahren angefangen habe. Dann kam eine Art Andacht dazu vor dieser Dauer, vor all den Nächten, den regnerischen Sommernächten in den Stunden nach Mitternacht, da die Stühle allein in dem leeren Kino überdauerten. Das Überdauern ist aller Achtung wert. Tut es nicht ab.

»Wohin jetzt?« fragt Kate. Sie steht an meine Schulter gelehnt unter dem Vordach, zupft an ihrem Daumen und späht in die Dunkelheit.

»Wohin du willst.«

»Ich richte mich nach dir.«

Sie hat am Nachmittag Merle Mink getroffen und scheint sich jetzt besser zu fühlen. Er hat den Bruch ihrer Verlobung mit Walter gebilligt und einen nicht sehr rigorosen Konsultationsplan festgesetzt. Das wichtigste: sie befürchtet nicht mehr, nah am Abgrund zu sein. »Die Schwierigkeit ist bloß«, sagte sie düster, als wir im Kino auf das Ausgehen der Lichter warteten:

»In Gegenwart von Ärzten übertreffe ich mich selber. Sie sind von mir hingerissen. Ich fühle mich großartig, wenn ich die Kranke bin. Nur wenn alles in Ordnung ist –« Jetzt hält sie im Schatten des Kampferbaums unversehens an und nimmt meinen Arm in beide Hände. »Hast du bemerkt, daß die Leute nur bei Krankheit, Katastrophe oder Tod wirklich werden? Ich erinnere mich an den Unfall – die Leute waren so freundlich, so hilfreich, so *solide*. Für jedermann schienen unsere Lebensgeschichten bis zu diesem Augenblick genauso wirklich zu sein wie der Augenblick selber (auch die Zukunft würde so wirklich sein) – während in Wahrheit das Reale nur erkauft war durch Lyells Tod. Eine Stunde später waren wir alle entschwunden und unsrer trüben Wege gegangen.«

Wir wandern auf den dunklen Pfaden des Campus dahin und bleiben bei »meinem« unkrautbewachsenen Abhang hinter dem Laboratorium stehen. Ich setze mich auf die Betonstufe und denke an nichts. Kate drückt den blutenden Daumen an die Lippen. »Was ist das für ein Ort?« fragt sie. Eine Laterne über dem Pfad zeichnet einen gelben Kreis zwischen die baumhohen Büsche.

»In einem dieser Laboratorien hier habe ich vier Jahre lang jeden Nachmittag verbracht.«

»Ist das jetzt ein Teil der Wiederholung?«

»Nein.«

»Oder der Suche?«

Ich antworte nicht. Sie glaubt, ich könne ernst sein nur in ihrer Ernsthaftigkeits-Manier, einem possierlichen Ernst, der keiner ist, sondern Verzweiflung, die sich als Ernst ausgibt. Ich möchte über solche Dinge mit ihr vorderhand nicht sprechen, weil sie sie als bloße Exzentrizität versteht.

»Warum setzt du dich nicht?« frage ich gereizt.

»Die vertikale Suche bedeutet also –«

»Die vertikale Suche unternimmst du, wenn du zur *vorderen* Tür des Laboratoriums hineintrittst. Du hast dann dein Muster: ein Kubikzentimeter Wasser, einen Frosch, eine Prise Salz oder einen Stern.«

»Es geht um die großen Zusammenhänge?«

»Diese Art Suche ist so aufregend, weil du, wenn du tiefer hineingerätst, vereinheitlichst. Du verstehst mehr und mehr Muster durch immer weniger Formeln. Du bist immer hinter Entscheidendem her, dem neuen Schlüssel, dem geheimen Angelpunkt. Das ist das beste daran.«

»Und wer du bist und wo du bist, das zählt dabei nicht?«

»Nein.«

»So daß die Gefahr dabei ist, daß man niemand nirgends wird.«

»Laß es gut sein.«

Kate analysiert mit scharfem männlichem Verstand und zugleich mit der ihr eigenen Hoffnungslosigkeit. Deswegen passe ich auf, daß ich nicht ernsthafter bin als sie.

»Wenn du dich aber hier hinten hinsetzst und einen kleinen Knochen aus dem Abfall nimmst, ein verbrauchtes, abgelegtes Muster, dann ist daran ein Fingerzeig?«

»Ja, aber laß uns gehen.«

»Du bist kalt, mein Lieber, kalt wie das Grab.« Im Gehen zupft sie sich Fleischstückchen vom Daumen. Ich sage nichts. Ganz wenig genügte, und sie würde mich beschimpfen. »Es ist möglich, daß du etwas übersiehst, das nächstliegende. Du würdest es nicht bemerken, auch wenn du drüberfielest.«

»Was?«

Sie sagt es mir nicht. Dafür heitert dann die Straßenbahn sie auf und sie wird zärtlich zu mir, schließt mir die Arme um die Mitte, küßt mich auf den Mund und betrachtet mich mit braunen, vergrößerten Augen.

4

Es wird zwei, bis ich zurück in Gentilly bin. Aber irgendwann vor der Morgendämmerung erwache ich in einem heftigen Ruck und liege den Rest der Nacht dösend, doch mit wachen Sinnen. Seit vielen Jahren habe ich einen leichten Schlaf. Seit ich im Krieg einmal zwei Tage lang bewußtlos war, habe ich nie mehr so das Bewußtsein verloren, wie ein Kind im Schlaf das Bewußtsein verliert und in einer neuen Welt wieder aufwacht, sogar ohne Erinnerung ans Zu-Bett-Gehen. Ich weiß immer, wo ich bin, und wie spät es ist. Jedesmal, wenn ich mich in einen tiefen Schlaf versinken fühle, ermahnt mich etwas: »Nicht so rasch. Stell dir vor, du schläfst, und ›es‹ sollte sich ereignen. Was dann?« – Was ist es, das sich ereignen soll? Gar nichts. Aber ich liege da, aufmerksam wie eine Schildwache, die Ohren geschärft für das kleinste Geräusch. Ich höre sogar den alten Rosebud ruhelos in den Azaleenbüschen umherstreifen, bis er sich endlich niederlegt.

In der Dämmerung ziehe ich mich an und schlüpfe hinaus, so leise, daß die Hunde sich nicht rühren. Ich gehe zum See. Es ist eine fast sommerliche Nacht. Schwere warme Luft drückt vom Golf her, aber der Boden, kalt und durchnäßt vom Tau, ist noch winterlich.

Es ist schön, zu dieser Stunde in den Suburbs unterwegs zu sein. Kein Mensch auf den Gehsteigen, nicht einmal Kinder mit Dreirädern oder Miniaturtraktoren. Der Beton erscheint jungfräulich, so körnig wie am Tag, an dem er gegossen wurde; in den Rissen wächst Unkraut.

Je näher man zum See kommt, desto teurer werden die Häuser. Schon liegen die Bungalows, die Duplexgebäude und die winzigen Ranchen hinter mir, und es beginnt der Bereich der Fünfzig-, Sechzigtausend-Dollar-Heime: ziemlich große Neubauten, mit Dolchpflanzen und Australischen Kiefern, die in

Ziegeleigevierten wachsen; danach Nachahmungen französischer Landhäuser und des Louisiana-Kolonialstils. Die Swimmingpools rauchen wie schlafende Geysire. Die Häuser sehen bei Sonnenlicht hübsch aus; sie erfreuen mit ihren schönen Farben, den gepflegten Rasen und den sauberen luftigen Garagen. Aber in dieser Stunde der Morgendämmerung wirken sie verloren. Eine Traurigkeit lastet auf ihnen, wie Nebel vom See.

Mein Vater litt an Schlaflosigkeit. Eine meiner wenigen Erinnerungen an ihn betrifft sein nächtliches Umherschweifen. In jenen Tagen hielt man es für gesund, auf Veranden zu schlafen: so fügte mein Vater dem Haus eine an, ein aus Zeltbahnwänden emporgezogenes Gefüge. Scott und ich schliefen da sogar in den kältesten Nächten. Mein schlafloser Vater schloß sich uns an. Er warf sich hin und her wie ein verwundetes Tier, oder schlief unruhig, wobei sein Atem durch die steifen Nasenhaare pfiff, und ging vor Morgenanbruch wieder ins Haus, das Bett zerwühlt und muffig zurücklassend. Die Veranda war nicht das Richtige für ihn, und so kaufte er bei Abercrombie & Fitch einen Saskatchewan-Schlafsack und zog damit um, in den Rosengarten. Um diese Dämmerungszeit pflegte ich von einem gräßlichen Geräusch geweckt zu werden: mein Vater stolperte zum Verandaeingang herein, den Schlafsack unterm Arm, die Blicke über Kreuz vor Erschöpfung und von der Traurigkeit der schimmernden Morgendämmerungen. Unabsichtlich nahm ihm meine Mutter, noch endgültiger als diese Stunde der Verlorenheit, jede Hoffnung auf Schlaf. Ihre Art, seine Anstrengungen zu kommentieren, raubte ihm den letzten Mut. Wenn er von einem Ort zum ruhigen Atmen, einem tiefen Schlaf unter dem Sternenhimmel, nah der lieblichen Erde, träumte, stimmte sie zu. »Honey, ich bin ganz dafür. Ich glaube, wir sollten alle zurück zur Natur, und ich würde mich dir auf der Stelle anschließen, wenn die Zecken nicht wären. Ich bin nämlich zeckenanfällig.«

Sie stellte ihn als einen zweiten Edgar Kennedy hin (der damals Shorts produzierte): als jemanden, der sich mit seiner blitzneuen Campingausrüstung durch den Busch schlug. Sie wollte sich lieber lustig machen als von diesen frostigen Morgendämmerungen niedergedrückt werden. Danach wurde vom »Zurück zur Natur« nicht mehr geredet.

Sein Fehler war: er *versuchte*, zu schlafen. Er dachte, es sei notwendig, jede Nacht eine gewisse Zeit zu schlafen, Frischluft einzuatmen, eine gewisse Anzahl von Kalorien zu sich zu nehmen, regelmäßig die Eingeweide zu leeren und ein anregendes Hobby zu pflegen (in den dreißiger Jahren war man wissenschaftsgläubig und diskutierte über »verstopfte Drüsen«). Was mich betrifft: ich versuche nicht, zu schlafen. Und ich könnte nicht sagen, wann sich meine Eingeweide zuletzt gemeldet haben; manchmal melden sie sich eine Woche lang nicht, aber so etwas interessiert mich auch gar nicht. Zu den Hobbies: Leute mit anregenden Hobbies leiden an der bösesten der Verzweiflungen, sie sind chloroformiert in ihrer Verzweiflung. Ich treibe mich herum, still wie ein Geist. Statt zu schlafen, versuche ich, das Geheimnis der Suburb in der Morgendämmerung zu erforschen. Warum erscheinen die prächtigen Häuser zu dieser Tagesstunde so hoffnungslos? Andere Häuser, zum Beispiel ein Lehmbau in New Mexico oder ein Holzhaus in Feliciana, schauen doch Tag und Nacht ziemlich gleich aus. Aber diese neuen Häuser wirken spukhaft. Sogar die Kirchen hier draußen wirken spukhaft. Von welchen Geistern sind sie besessen? Armer Vater. Ich sehe ihn im Patio herumstolpern, zwischen den affigen Junior-Jets und Lone-Ranger-Zelten, wie er den Saskatchewan-Schlafsack hinter sich herschleift wie den Leichnam seiner erstorbenen Hoffnung.

Als ich umkehre, scheint mir die Sonne warm auf den Rücken. Ich mache es mir auf einem abgeschlossenen Rasenstück zwischen Garage und Haus gemütlich – unter den unguten Blicken von Rosebud – und döse bis neun (Öffnungszeit des Supermarkts).

5

Ich erwache von Rosebuds Knurren. Es ist der Briefträger. Rosebud fühlt sich von mir beobachtet, schielt her. Mein Blick verunsichert ihn, und er will im Wegschauen seine Beißer verstekken, aber seine Lefze ist trocken und bleibt oben an einem Zahn hängen. Jetzt ist er ganz und gar durcheinander.

Auf der andern Straßenseite bilden Schulkinder eine unregelmäßige Reihe vor den storchenähnlichen Nonnen; die Mädchen in kurzen blauen, glockenförmigen Trägerkleidern, die Buben in eher eintönigem Khaki. Sie marschieren ein, unter der schematischen Taube durch. Die Morgensonne blinkt auf dem glatten Metall des Ozeanwogen-Karussells und des Turnstangen-Labyrinths. Hell, stark und kompakt erscheinen die Stahlrohre, silbrig poliert von tausenden kleinen, blauberockten und khakibekleideten Gestalten.

Der Briefträger bringt einen Brief von Harold Graebner aus Chicago: es ist ein Zettel mit einer beigelegten Geburtsanzeige. Harold bittet mich, Pate seines Neugeborenen zu sein. Die Anzeige lautet: »1 C. O. D. Paket / Versandgewicht: 7 Pfund, 4 Unzen / ZART UND FÜRSORGLICH BEHANDELN, ETC.«

Harold Graebner hat mir im Fernen Osten wahrscheinlich das Leben gerettet. Deswegen liebt er mich. Wenn ich einen Brief bekomme, ist er fast immer von Harold Graebner. Ich wechsle keine Briefe mehr, außer mit Harold. In meiner Armyzeit schrieb ich an meine Tante lange, empfindsame und gegliederte Briefe mit meinen Eindrücken von Land und Leuten. Ich schrieb zum

Beispiel: »Japan ist reizend zu dieser Jahreszeit. Seltsam der Gedanke, in die Schlacht zu ziehen: nicht so sehr Angst ist es, die mir zusetzt – meine Aussichten sind sehr gut –, als Verwunderung, Verwunderung darüber, wie bedeutungsvoll alles geworden ist, jedes Ticken einer Uhr, jede Rhododendronblüte. Tolstoi und St. Exupéry haben den Krieg richtig gesehen«, usw.

Ein rechter Rupert Brooke-Jüngling war ich. O verschrobene englische Seele. Irgendwo hat sie eine fast tödliche Injektion Romantizismus abgekriegt. Das ist es auch, was meinen Vater umgebracht hat: der englische Romantizismus (und die 1930er Wissenschaft). Ein Satz für mein Notizheft: »Erforsche die Verbindung zwischen Romantizismus und wissenschaftlicher Objektivität. Wird ein wissenschaftsgläubiger Mensch zum romantischen Poseur, weil er von der Wissenschaft im Stich gelassen wird?«

Ich muß Harold antworten, aber es geht fast über meine Kraft, zwei Sätze nacheinander zu schreiben. Die Wörter sind plump. »Lieber Harold: danke, daß du mich gebeten hast, Pate deines Babys zu sein. Aber da ich kein praktizierender Katholik bin, zweifle ich, ob ich dazu in der Lage bin. Aber ich schätze natürlich –«

»Schätze natürlich.« Zerreiß es.

6

Seltsam, daß mir seit Mittwoch Juden besonders auffallen. Das ist ein Fingerzeig, ohne daß ich sagen kann, wofür. Sooft ich mich nämlich einem Juden nähere, beginnt der Geigerzähler in meinem Kopf zu rattern wie ein Maschinengewehr; und wenn ich vorbeigehe, mit der äußersten Anspannung, die Sinne ganz wach – beruhigt er sich wieder.

An meinen jüdischen Vibrationen ist nichts Neues. In den Jahren, als ich noch Freunde hatte, bemerkte meine Tante Edna, eine Theosophin, daß all meine Freunde jüdisch waren. Sie wußte auch warum: in einem vorigen Leben sei ich Jude gewesen. Vielleicht stimmt das. Jedenfalls bin ich dem Instinkt nach Jude. Wir sind im selben Exil. Tatsache ist freilich, daß ich jüdischer bin als die Juden, die ich kenne. Sie fühlen sich heimischer als ich. Ich bekenne mich zum Exil. Ein anderer Beweis: vor kurzem berichtete ein Soziologe, ein bemerkenswert hoher Prozentsatz einsamer Kinogeher seien Juden.

Juden sind mein deutlichster Fingerzeig.

– Wenn ein verzweifelter Mensch, der, auch in seinem innersten Herzen, keine Suche zuläßt, auf der Straße an einem Juden vorbeigeht, geschieht mit ihm gar nichts.

– Wenn ein Mensch Wissenschaftler oder Künstler wird, öffnet er sich immerhin für eine andere Art Verzweiflung. Wenn solch ein Mensch auf der Straße an einem Juden vorbeigeht, mag etwas mit ihm geschehen, aber das ist noch kein besonderes Zusammentreffen. Ihm wird der Jude vielleicht als Wissenschaftler oder als ein Künstler wie er selber erscheinen, oder als studierenswerte Spezies.

– Aber wenn ein Mensch zur Möglichkeit der *Suche* erwacht und wenn so ein Mensch dann zum ersten Mal auf der Straße an einem Juden vorbeigeht, gleicht er dem Robinson Crusoe, der am Strand Freitags Fußspuren entdeckt.

7

Ein schöner Freitagmorgen, und ein gelungener Ausflug in den St. Bernard Parish mit Sharon.

Sharon beäugt meinen MG. Eingestiegen, macht sie deutlich,

daß sie sich, MG oder nicht MG, auf keinen faulen Zauber einlassen wird. Wie macht sie das deutlich, Schenkel an Schenkel und Knie an Knie in einem MG? Mit den Umgangsformen einer Südstaatenfrau. »Was für ein hübscher kleiner Wagen!« singt sie und zieht sich zurück in eine Art Geistesabwesenheit. Die Hände im Nacken, den Kopf vorgereckt, betrachtet sie kühlen Blicks die Straße durch die Augenbrauen und begeistert sich dann pflichtschuldig: »Das ist wahrhaftig besser als Maschinenschreiben«, in dem selbstversunkenen Singsang ihrer Mammie in Eufala. (Südstaatenmädchen lernen viel von ihren Kinderfrauen.)

Beim Treffen mit Mr. Sartalamaccia passiert etwas Seltsames. Zunächst einmal kommt es zu einer Art Rollentausch: ganz selbstverständlich zeigt mir Mr. Sartalamaccia den Platz, den er kaufen möchte. Er wird der Führer zu meinem Eigentum und hebt sogar alles Günstige dran hervor. Die Entenjagd ist lang vorbei; mein Patrimonium ist nun zur einen Hand begrenzt von einem Siedlungsprojekt, zur andern von einem Pistolenschießstand der Polizei. Und wirklich erinnert mich das Grundstück an die Tatortbilder aus Detektivmagazinen: ein buschbewachsenes vages Terrain, gekreuzt von Wildschweinfährten und verdächtigen Reifenspuren. Von jedem Stück freien Bodens schießt frisches Grün empor, und aus der schwarzen Erde scheint eine grüne Düsternis aufzuwachsen, als wäre schon Sommer: Zikadenschrillen im Unterholz; eine Ahnung von langen Tagen.

Wir lassen den MG auf einer Lichtung stehen (schönes, abgenutztes Ding aus rotem Metall und wohlriechend-abgewetztem Leder – kurz habe ich seine Flanke aus kräftigem englischem Stahl getätschelt). Wir halten auf einem Erdhügel, Mr. Sartalamaccia in der Mitte. Er wedelt mit einem schlaffen Panamahut und gibt bitteren Baumwollgeruch von sich. Er ist weniger ein Italiener als ein ländlicher Südstaatler, verhärmt und sauber wie ein Alabama-Farmer auf dem Kirchgang.

»An dieser Stelle war die Hütte, sie wurde Roaring Camp genannt«, erzähle ich Sharon. Sie steht blinzelnd, unberührt, verschanzt in sich selber. Nicht für sie kehren ja bedrängende Geist-Gegenwart des Ortes, grüne Sommerdüsternis und Traurigkeit zurück. Sie kommt von der Eufala Highschool, und es ist ihr gleich, wo sie sich befindet (gerade so hat sie vielleicht auch auf der Rotunda dagestanden, während ihrer Schulreise nach Washington), und sie hat recht, denn sie ist das süße traurigkeitsferne Leben in Person. »Ich war einmal hier mit meinem Vater und meinem Großonkel. Es gab keine Betten, und so schliefen wir auf dem Fußboden, ich zwischen ihnen. Beim Schlafengehen legte ich meine neue Ingersoll-Uhr neben mich. In der Nacht wälzte sich mein Onkel darauf und zerbrach sie. Die Art, wie er über meine Uhr rollte, wurde eine berühmte und auch komische Geschichte, bei der alle zu lachen pflegten wie eine Germanenhorde. Zu Weihnachten schenkte er mir eine andre Uhr: eine goldene Hamilton.« Sharon steht breitbeinig, schwerfüßig wie ein weiblicher Soldat. »Ich erinnere mich, wie Vater die Hütte baute. Zuvor hatte er die Arbeiten von Fabre gelesen, die ihn auf ein faszinierendes wissenschaftliches Hobby brachten. Er kaufte ein Teleskop, und eines Nachts rief er uns hinaus und zeigte uns den Pferdekopfnebel im Orion. Das war das Ende des Teleskops. Danach begann er, Browning zu lesen, und entdeckte sein Bedürfnis nach einer Welt von Männern. Das brachte ihn auf den Entenjagdclub.«

»Grow old along with me
The best is yet to be«, sagt Sharon.

Mr. Sartalamaccia ist unruhig geworden und knüllt an seinem Hut. Seine Fingernägel sind groß und bestehen fast ganz aus weißen Monden. »Ihr Vater war nicht der Bauherr. Judge Anse war es.«

»Stimmt das? Ich wußte nicht, daß Sie sie gekannt haben.«

Mr. Sartalamaccia erzählt die Geschichte hilflos, ohne einmal aufzublicken – er kennt nur die einfachen Tatsachen und glaubt es kaum, daß wir diese nicht kennen. Jedermann kennt sie. »*Ich* habe sie ihm gebaut.«

»Haben Sie ihn denn vorher gekannt?«

»Ich kannte ihn nicht. Eines Morgens vor Weihnachten war ich dabei, meinen Schuppen da drüben fertigzustellen. Judge Anse kam herein und fing mit mir zu reden an. Er sagte –« Mr. Sartalamaccia lächelt ein verstecktes kleines Lächeln, und sein Kopf sinkt noch tiefer, während er darauf aus ist, die exakten Worte wiederzufinden. »Ja: *Wie heißen Sie? Ich* sagte es ihm. Er sagte: *Haben Sie diesen Schuppen gebaut?* Ich sagte, yes sir. Wir unterhielten uns. Dann schaute er mich an und sagte: *Ich werde Ihnen sagen, was ich von Ihnen möchte.* Er schrieb einen Scheck aus. Er sagte: *Hier ist ein Scheck über tausend Dollar. Ich will, daß Sie mir eine Hütte bauen. Kommen Sie, ich zeige Ihnen wo.* Ich sagte, gut. Er sagte –« Mr. Sartalamaccia wartet, bis die richtigen Wörter von selber sprechen: »*Auf geht's, Vince*, so als wäre das ein großer Moment für uns beide. Er hat mich nie zuvor gesehen, kommt zu meinem Schuppen herein und stellt mir einen Scheck der Canal Bank auf 1000 Dollar aus. Und er ist erst nach sechs Wochen wieder aufgetaucht.«

»Gefiel ihm die Hütte?«

»Ich glaube, ja.«

»Sind Sie seit jeher schon hier?«

Mr. Sartalamaccia blickt zum ersten Mal auf. »Ich war damals gerade erst angekommen, drei Wochen vorher, im November. Ich bin aufgewachsen in Ensley, bei Birmingham, aber 1932 waren die Zeiten so miserabel, daß ich da wegging. Ich war in sechsundvierzig Staaten, in allen außer Oregon und Washington. Und ich habe nie Hunger gelitten. 1934 blieb ich mit meinem Bruder in Violet und fing da als Trapper an.«

Es erweist sich, daß Mr. Sartalamaccia nun Bauunternehmer ist und daß der Siedlungsgrund nebenan ihm gehört. Meinen Entenclub will er als Draufgabe. Ich erkundige mich nach den Häusern.

»Möchten Sie eins sehen?«

Wir folgen ihm auf einem Wildschweinpfad zu einem Stück Brachland mit schönen kleinen Flachdachhäusern. Es drängt ihn, uns eines von den unfertigen Gebäuden zu zeigen. Es tut gut, ihm zuzuschauen, wie er mit dem Daumen über die abgesägten Enden der Verschalung streicht. Sharon steht teilnahmslos, schwerfällig, die Augen ein bißchen verdreht, blaß. Mit ihren schläfrigen Augen erinnert sie an Schnappschüsse von Ava Gardner aus ihrer Highschoolzeit in North Carolina.

»Wissen Sie, was in dieser Platte steckt?« Der Zement fühlt sich glatt an wie Seide. »Chance Nr. 6-Kupferrohr. Es wird niemandem auffallen, aber es wird lange Zeit drin sein.« Er ist nicht nur ehrlich: der Gedanke an gutes Rohr in einer guten Platte erfreut sein innerstes Herz.

Zurück am Hügel, nimmt Mr. Sartalamaccia mich beiseite und zeigt mit dem Hut ostwärts. »Sehen Sie diesen prächtigen Graben dort? Das wird der Gezeitenkanal zum Golf hin. Wissen Sie, was unser Land dann wert sein wird? Fünfzig Dollar pro Fuß.« Mr. Sartalamaccia zieht mich näher. Er sagt es noch einmal, als *die* Neuigkeit. Geschäft oder nicht: das ist eine Neuigkeit, die der Rede wert ist.

Nachher bedeutet mir Sharon, es sei schlau von mir gewesen, ihm den wahren Wert meines Entenclubs herauszulocken. Aber sie täuscht sich. Schon im ersten Moment war es ihm ein Vergnügen, von der Vergangenheit zu sprechen, von seiner seltsamen 1932er Odyssee, als er den Old Faithful im Yellowstone Park betrachtete, an dem Damm nach Key West mitbaute und nie hungrig wurde: so teilt er sein Alleinsein mit, und wir haben unser gemeinsames Wohlgefallen an dem künftigen Kanal und genießen den Trost des Geldverdienens. Denn Geld ist eine große Freude.

Mr. Sartalamaccia wird von einer geheimen Ausgelassenheit ergriffen. Er stößt mich in die Rippen. »Ein Vorschlag, Mr. Bolling. Sie behalten Ihr Land. Ich mache Ihnen Baugrund daraus. Sie kümmern sich um das Drumherum, und ich baue die Häuser. Das wird uns einiges Geld einbringen.« Er krümmt sich weg in einem burlesken Tanz.

»Wieviel?«

»Ich kann Ihnen nur eins sagen.« Mr. Sartalamaccia vollführt einen ziegenähnlichen Tanz, und Sharon steht träumerisch in der grünen Düsternis der Niederung. »Ich gebe Ihnen auf der Stelle fünfzehntausend.«

Der Name unserer Firma ist »Zuwachs«.

Sharon und ich brausen die River Road entlang. Der Fluß hat Hochwasser und die Spieren und Schornsteine von Schiffen tauchen immer wieder über der Dammlinie auf wie riesige Erdbagger.

An der Shellstation weht eine Geißblattduftwolke zwischen den Ölbehältern heran und verdichtet sich um Sharon, die eine Coca auf ihrem goldenen Knie balanciert; und während ich an die Bulldozer denke, die meinen Erdhügel abtragen werden, habe ich ein Bild davon, wie der alte Gable mit solchen Situationen zurechtkam: er konnte beschäftigt aussehen, gleichgültig gegenüber Frauen, und doch eine Haltung einnehmen, die ihnen gefiel: beanspruchtes Dastehen, mit den Händen in den Rücktaschen.

Es ist eine große Freude, mit Sharon zusammen zu sein, Geld zu verdienen und sie anscheinend nicht zu beachten. Und Sharon kauert nicht ungern in dem kleinen Schalensitz, die Knie zur Sonne aufgekrümmt, das Kleid geschürzt. Ein bernsteingelber Tropfen Coca-Cola mäandert ihren Schenkel entlang, berührt ein blondes Haar, teilt sich rund um das winzige Grübchen. Sie hält eine Hand vor die Sonne, um mich zu sehen. »Mr. Bolling, erinnern Sie sich an Mr. Sartalamaccias erstes Angebot?«

»Achttausend.«

»Er wollte Sie drankriegen.«

»Das stimmt nicht. Aber wenn Sie nicht gewesen wären, hätte ich die achttausend genommen.«

»Ich?«

»Sie brachten mich dazu, hierherzufahren.«

Sie stimmt zu, zweifelnd, sinnend, ein Auge verdreht.

»Wissen Sie, wieviel Sie mir dazugewonnen haben? Mindestens siebentausend Dollar, wahrscheinlich sehr viel mehr. Es ist meine Pflicht, Ihnen zehn Prozent abzugeben.«

»Sie werden mir nichts geben, son. Niemand wird mir Geld geben.« (Sie hat sich gefaßt und redet jetzt deutlich Zurechtgelegtes.) »Ich habe selber eine Menge Geld.«

»Wieviel?«

»Das geht Sie nichts an.«

Sie krümmt das Bein in einem bestimmten Winkel, so daß die Coca-Flasche auf ihrem Knie steht. Es erscheint die Struktur von Sehne und Knochen; schwellende Facette, ganz Gold.

Ich vollziehe die Heimkehr als der alte Gable, wie von anderen Dingen beansprucht; ohne an sie zu denken; und krank nach ihr. Sie ist vergnügt, weil sie endlich wieder schweigen kann.

Sie sagt nur noch etwas; ruckender Kopf, leuchtende Augen.

»Sollten wir nicht zum Gericht?«

»Dafür ist es jetzt zu spät. Es tut mir leid. Sie hätten gar nicht zu kommen brauchen.«

»Hören Sie«, ruft sie und ist so weit weg wie Eufala selber. »Ich habe die Fahrt sehr genossen.«

8

Einmal in der Woche, am Freitag, versammeln sich alle Cutrer-Verkaufsleute im Hauptbüro, zu einem Konferenz-Lunch mit dem Stab. Dabei wird der Geschäftsgang der Woche erörtert, ein Verkaufsbericht gegeben, die Marktlage beredet, und der Versicherer skizziert die nächsten Ziele. Aber heute sind die Geschäftsgespräche bald beendet. Es ist der Höhepunkt des Karnevals; Paraden und Bälle Tag und Nacht. Ein Dutzend Krewes haben ihren Umzug schon geliefert, aber Proteus, Rex und Comus stehen noch aus. Teilhaber und Verkaufsleute haben entzündete Augen und sind geistesabwesend. Man beredet, wer heute abend König und Königin von Iberia sein wird (die meisten aus dem Stab von Cutrer, Klostermann und Lejier gehören entweder zur Krewe von Neptun oder Iberia). Allgemein glaubt man, daß der König von Iberia James (Shorty) Jones sein wird, Präsident der Middle Gulf Utilities, und die Königin Winky Quillibert, Tochter von Plauche Quillibert (von der Southern Mutual). Eine populäre Auswahl – ich kann bezeugen, daß beide Männer fähig, sympathisch und bescheiden sind.

An manchen Freitagen möchte Onkel Jules mich nach dem Lunch bei sich im Büro sehen. Als Zeichen bleibt dann die Tür zum Korridor offen, so daß ich ihn am Schreibtisch sitzen sehe und ganz natürlich kurz hineinschaue. Heute scheint er besonders erfreut über meinen Anblick. Onkel Jules versteht es, einen freundlich zu empfangen. Obwohl er in einem großen Büro mit altväterischem Schreibtisch und einem riesigen Porträt von Tante Emily residiert und ein vielbeschäftigter Mann ist, gibt er einem das Gefühl, an einem allgemein zugänglichen Ort zu sein, wo er nicht mehr zu Hause ist als man selbst. Er sitzt überall, nur nicht im eigenen Sessel, und erledigt nichts am eigenen Tisch. Jetzt nimmt er mich in eine Ecke und befühlt im Dastehen meine Schulterknochen, wie ein Chirurg.

»Ravaud war heute morgen hier.« Onkel Jules verstummt und wirft den Kopf zurück. Ich kenne ihn und warte. »Er sagte, Jules, ich habe eine eher schlechte Nachricht für Sie. Der Open-End-Konvent, bei dem Sie immer dabei sind, wissen Sie, wann der ist?« Onkel Jules neigt den Kopf zu meiner Brust, als wollte er mir das Herz abhorchen. Ich warte. »Ich sagte, ja, ungefähr Mitte März. Ungefähr am Dienstag, sagt Ravaud. Mardi Gras.« Onkel Jules preßt meine Schulter, wie um mich still zu halten. »Ist das wahr, Ravaud? Oh, das erinnert mich an etwas. Hier Ihre Fahrkarten. Gute Reise.« Onkel Jules ist ganz weggekrümmt. Ich weiß nicht, ob er lacht, aber sein Daumen drückt mir tief zwischen die Schulterblätter.

»Doch dann sagte er etwas, das mich stutzig machte. Er sagte, es macht mir nichts aus, wegzufahren, wenn Sie das wollen, Jules. Aber meiner Meinung nach befindet sich der richtige Mann dafür in Ihrer eigenen Familie. Der schurkische Jack Bolling weiß doch mehr vom Open-End-Geschäft als sonst jemand in der Carondelet Street. – Du machst dir doch nichts aus dem Karneval?« Er denkt das nicht ernstlich. Er selber könnte sich nicht vorstellen, am Mardi Gras woanders zu sein als im Boston Club.

»No sir.«

»Du nimmst also die Zehn-Uhr-dreißig-Maschine am Dienstag morgen«, sagt Onkel Jules in seiner barschen Art, Gunst zu bezeigen.

»Und wohin?«

»Wohin? Nach Chicago natürlich.«

Chicago. Elend. Nicht in tausend Jahren könnte ich das Onkel Jules erklären. Für mich bedeutet es ein gewaltiges Unternehmen, nachts viele Meilen in eine Fremde zu fahren, wo die Luft anders schmeckt und die Leute sich anders verhalten. Für ihn ist das unwichtig, nicht aber für mich. Ihm bedeutet es nichts, in New Orleans die Augen zu schließen und sie in San Francisco wieder aufzumachen; dieselben Gedanken dort auf dem Telegraph Hill zu denken wie hier in der Carondelet Street. Mein Glück und Unglück ist es, zu wissen, wie der Geist eines fremden Ortes einen Menschen bereichert oder auch auszehrt – ihn jedenfalls nie in Ruhe läßt; zu wissen, wie ein Mensch, der ahnungslos hundert fremde Städte bereist, ahnungslos, ohne Bewußtsein von dem Risiko, sich als Niemand Nirgends finden kann. Großer unbekannter Tag. Wie wird es sein, die Michigan Avenue hinabzutreiben, umgeben von fünf Millionen Fremden, von denen jeder seine höchstpersönlichen Strahlen entsendet?

»Kümmere dich um Kontakte.« Onkel Jules legt den Kopf zurück. Pause. »Bei deiner Rückkehr haben wir etwas Neues für dich vorgesehen, in der Innenstadt.« Bärbeißigste Stimme: höchste Gunst.

»Yes sir«, sage ich und schaue so vergnügungsbestimmt wie eine Flasche Schaumwein (es fehlt nicht einmal das Prickeln), um seiner allerbärbeißigsten Gunst die Ehre zu erweisen. Verfluchtes Monster Chicago, das auf mich lauert. Aus ist es mit meinem Leben in Gentilly, meinem Eigenen Kleinen Weg, meiner verborgenen Existenz unter den glückseligen Schatten der Elysischen Felder.

9

Seit einiger Zeit habe ich immer stärker den Eindruck, daß jedermann tot ist.

Manchmal, wenn ich mit Leuten rede, kommt es mitten im Satz über mich: Ja, ohne Zweifel, tot. Dann hilft nur tief atmen, sich entschuldigen, verschwinden. In solchen Momenten scheint das Gespräch wie von Automaten geführt, die ihre Wörter nicht frei wählen können. Ich höre mich oder sonst jemanden zum Beispiel sagen: »Meiner Meinung nach sind die Russen ein großes Volk, aber –« oder: »Ja, was Sie über die Scheinheiligkeit des Nordens sagen, trifft sicher zu. Freilich –« – und denke bei mir: das ist der Tod. Nur mit diesem Gedanken kann ich solche Alltagsgespräche überhaupt noch weiterführen: denn meine Wangen haben schon ein unkontrollierbares Zucken angenommen. Als ich am Mittwoch dastand und mit Eddie Lovell redete, fühlte ich, deutlicher Hinweis, wie meine Augen sich schlossen.

Nach der Lunchkonferenz treffe ich zufällig meine Cousine Nell Lovell, auf den Stufen vor der Bibliothek; ich gehe da manchmal hin, um fortschrittliche und konservative Zeitschriften zu lesen. Sooft ich bedrückt bin, lese ich in der Bibliothek diese streitbaren Zeitschriften. Obwohl ich nicht weiß, ob ich fortschrittlich oder konservativ bin, wirkt doch der Haß, den da einer für den andern zeigt, belebend auf mich. Tatsächlich: solcher Haß berührt mich als eins der wenigen verbliebenen Lebenszeichen. (Eine andre Eigenart dieser gleichsam verkehrten Welt: all die freundlichen und liebenswürdigen Leute kommen mir tot vor; nur die Hasser scheinen lebendig.)

Ich vertiefe mich an einem der massiven Tische in eine fortschrittliche Wochenzeitschrift und lese sie von Anfang bis Ende, mir selber zunickend, sooft der Schreiber punktet. Sehr richtig, Alter, sage ich und rücke billigend an meinem Sessel. Gib es ihnen. Dann auf zum Regal einer konservativen Monatszeitschrift und hinabgetaucht in einen frischen kühlen Sessel. Teilnahme am Gegenangriff. Oho, sage ich und halte mich am Sesselarm fest: Da kriegt er's! Da wird ihm die Haut abgezogen! – Dann hinaus, ins Licht der Sonne, der Nacken prickelnd vor Genugtuung.

Wie gesagt: Nell Lovell hat mich erspäht und kommt herbei, ein Buch in der Hand. Sie hat gerade einen gefeierten Roman fertig, der, wie es scheint, einen irgendwie verzweifelten und pessimistischen Blick auf die Dinge wirft. Sie ist wütend.

»Ich fühle mich kein bißchen verzweifelt!« ruft sie. »Seit Mark und Lance erwachsen sind und das Nest verlassen haben, steht das Leben mir offen. Morgens Philosophiestunden und abends die Arbeit im Le Petite Theâtre. Eddie und ich haben unsere Wertordnung geprüft und für gültig befunden. Zu unserem größten Verwundern haben wir entdeckt, daß unser Lebensziel identisch ist. Kennst du es?«

»Nein.«

»Einen Beitrag leisten, so klein er auch sein mag, und die Welt ein wenig besser zurücklassen.«

»Sehr gut«, sage ich etwas gezwungen und drücke mich auf der Treppe herum. Ich kann mit Nell nur so lange reden, als ich sie dabei nicht anschaue. Ihr in die Augen zu blicken würde mich verlegen machen.

»Den Fernseher haben wir unseren Söhnen gegeben. Gestern abend haben wir eine Platte aufgelegt und am Kamin ›The Prophet‹ rezitiert.« Sehr laut: »Ich finde das Leben nicht hoffnungslos. Bücher, Menschen und Dinge sind unendlich reizvoll. Denkst du nicht auch so?«

»Ja.« In meinen Eingeweiden fängt es zu rumpeln an: Ankündigung eines gewaltigen Furzes.

Nell redet immer weiter, und ich drücke mich so gut es geht herum (immer in Sorge, nicht zu furzen) und betrachte sie unpersönlich: eine vierzigjährige Frau mit einem gutmütig-offenen amerikanischen Gesicht, in dem sich weitere vierzig Jahre anzeigen – und Eifer, vor allem Eifer: jener traurige, verlorene Eifer, der sich amerikanischer Collegefrauen ab einem gewissen Alter bemächtigt. Ich stelle mir vor, wie sie und Eddie ihre Wertordnung überprüfen. Und dann kann ich nicht anders als staunen: Warum redet sie, als sei sie tot? Noch vierzig Jahre vor sich – und tot.

»Wie geht es Kate?« fragt Nell.

Ich gebe mir einen Ruck und denke scharf nach, auf der Flucht vor dem Tod. »Ehrlich gesagt, ich weiß es nicht.«

»Ich hänge so an ihr. Sie ist solch eine großartige Person.«

»Ich auch. Das ist sie.«

Wir trennen uns, lachende Tote.

10

Um vier Uhr beschließe ich, daß es an der Zeit ist, meinen jüngsten Plan betreffs Geld und Liebe (meine Liebe zu Sharon) auszuführen. Geschäft und Liebe gehören bei mir eng zusammen. Wenn das Geschäft unter meiner Bewunderung für Sharon litte, würde das auch meiner Bewunderung für Sharon schaden. Nie werde ich die Männer begreifen, die für eine Frau alles wegwerfen. Der Dreh ist doch, beides zu gewinnen: Geld im Dienst der Liebe und Liebe im Dienst des Geldes. Seit ich allmählich reicher werde, fühle ich: alles ist gut. Das ist mein Presbyterianerblut.

Um vier Uhr 15 sitze ich auf ihrer Schreibtischkante, kreuze die Arme und blicke besorgt.

»Miß Kincaid, ich möchte Sie um einen Gefallen bitten.«
»Yes sir, Mr. Bolling.«

Als sie zu mir aufschaut, merke ich, wie wenig wir einander kennen. Sie ist eine Fremde. Ihre gelblichen Augen sind so freundlich wie undurchsichtig. Sie ist sehr lieb und sehr darauf aus, von Nutzen zu sein. Das Hochgefühl verläßt mich. Die Liebesmöglichkeit entschwindet. Unsere Geschlechter verschwinden. Wir sind nichts als ein gutes kleines Team.

»Wissen Sie, was diese Namen hier bedeuten?«
»Es sind Kundenlisten.«
»Es sind zugleich Akten, Namenslisten über Schuldverschreibungen, Aktien usw. Ich werde Ihnen jetzt sagen, was wir jedes Jahr um diese Zeit tun. In ein paar Wochen müssen die Einkommenssteuern geregelt werden. Sonst schicken wir unseren Kunden eine Menge Broschüren, Tabellen und dergleichen, um ihnen zu helfen. Heuer wollen wir es anders machen. Ich möchte jede Akte selber durchschauen, den Steuersatz für jede einzelne Transaktion herausfinden und jedem Kunden in einem persönlichen Brief spezielle Empfehlungen geben zu Kapitalgewinnen und -verlusten, Aktienrechten und Vollmachten, zu den Terminen von Zwangsumwandlungen, Dividendenausschüttungen usw. Sie werden staunen, wie viele dieser sonst so ausgekochten Geschäftsleute im selben Jahr mit ihren großen Gewinnen auch große Verluste machen.«

Sie hört genau zu. Die gelben Augen blinken vor Verständnis.

»Mit den Konten bin ich schon vertraut. Aber es müssen viele Briefe geschrieben werden. Und wir haben wenig Zeit.«

Bin ich verblendet gewesen? Dieses Mädchen ist wie eine gute kleine Schwester.

»Wann fangen wir an?«
»Können Sie heute nachmittag eine Stunde länger bleiben und auch Samstag vormittag kommen?«

»Ich möchte einen Anruf machen«, sagt sie, brüsk-freundlicher Landmensch, wütend-willig zu Diensten.

Einen Moment später steht sie an meinem Tisch. Zwei scharlachrote Finger greifen nach dem beigen Plastikding.

»Geht es, daß mich um fünf jemand für ein paar Minuten abholt?«

»Jemand.« Menschheitsalte Weisheit. Ich zähle für sie nicht, und doch kennzeichnet sie, wen immer sie da treffen soll, als Neutrum. Sie weiß, daß ich an solch ein Neutrum nicht glaube. Aber sie weiß, was sie tut. Gegen die eigene Einsicht denke ich: »Jemand« wird sie abholen, ein vages Neutrum.

»Ich hoffe, Sie nicht von etwas Ernsthaftem abzuhalten.«

»Ist das ein Witz?«

Sie überrascht mich. Ich habe das Wort »ernsthaft« zweideutig gemeint. Aber sie gibt ihm sofort seine galante Bedeutung.

Das ist ein unerwarteter Vorteil. Wäre es nicht nützlich, den Typ ihres Freundes zu studieren? Doch ich brauche nichts extra anzustellen, um ihn zu Gesicht zu kriegen. Ein paar Minuten vor fünf kommt er einfach zum Büro herein. Kein Jugendlicher (wie ich es befürchtet habe), sondern ein heller Bursche, einer vom Faubourg Marigny, ein Südländer mit großer Nase, einem schweren Kinn und einer einzelnen, tiefeingeschnittenen Falte über den Augenbrauen; gleich darüber ein mächtiger Schwall drahtig-bronzenen Haares; sein Gesicht sieht dadurch geschmerzt aus. Mit mir hat er nichts im Sinn. Als ich ihm freundlich zunicke, scheint er zurückzunicken, nickt dann aber weiter – an mir vorbei dem Büro zu, als wollte er es gutheißen. Hin und wieder weichen seine Lippen von den Zähnen zurück: ein Lufteinsaugen so scharf wie zischender Dampf. Im Warten auf Sharon knallt er die Faust in die offene Hand und streckt die Knie in den weiten Hosen vor und zurück.

Als der Faubourg-Marigny-Gesell endlich verschwunden ist,

arbeiten wir stetig bis sieben. Ich diktiere einige ehrlich empfundene Briefe. »Lieber Mr. Hebert: Zufällig habe ich mir heute morgen Ihre Akte angeschaut, und da kam mir die Idee, daß Ihnen ein Absetzen Ihrer Holdinganteile an Studebaker-Packard wichtige Steuerersparnisse bringen könnte. Selbstverständlich ist mir Ihr Steuerspektrum nicht vertraut, aber wenn Sie ein diesbezügliches Problem haben, schlage ich Ihnen vor, einen Kapitalverlust in Kauf zu nehmen, aus den folgenden Gründen ...«

Es tut gut, zugleich an Mr. Hebert und an Sharon zu denken. Nur an einen von beiden zu denken, würde mich aus dem Rhythmus bringen.

Wir arbeiten hart, kameradschaftlich; die Partnerschaft ist so stark, daß uns jede Liebesmöglichkeit töricht erschiene. *Peyton Place* würde uns jetzt verlegen machen.

Um sechs wird es Zeit für eine kleine Änderung der Methode. Von jetzt an soll all mein Tun in ihren Augen einen bestimmten Wert haben – besser: einen Wert, den sie erst *entdecken* muß.

Wir bestellen uns Sandwiches, trinken Kaffee, arbeiten. Schon hat das Schweigen zwischen uns sich verändert und ist beschwingt geworden. Ich kann am Fenster stehen, mir den Kragen lockern und den Nacken reiben wie Dana Andrews. Und kritisch werden: »Aber nein, Kincaid. Das ist es nicht. Nur mit der Ruhe.« Ich gehe zum Wasserbehälter, schlucke zwei Aspirin, zerknülle den Pappbecher. Der gute »Jemand«, ihr Freund, erweist sich als unschätzbar. In meiner Taktik ist er die bekannte Größe. Er ist mein Angelpunkt: er, der Geschäftige, und ich, DAS GESCHÄFT.

Sie hat ein neues Blatt eingespannt. »Versuchen Sie's noch einmal.« Sie schaut mich ironisch an, Lichter in den Augen.

Mit beiden Händen auf ihren Tisch zeigend, senke ich den Kopf zwischen die Arme. »Folgendermaßen ...« O Rory.

Sie begreift. Sie ist schlau. Es ist etwas im Gange. Wenn sie nun zwischen zwei Sätzen aufblickt, lugt sie durch die Augenbrauen, den Kopf aufgerichtet und unbeweglich wie ein kleines Rebhuhn. Sie ist jetzt ganz Geistesgegenwart. Die achatgelben Augen schillern vor Anteilnahme. Unversehens bewegen wir uns beide in eine gemeinsame Richtung. Wir sind die zwei an einem Sommernachmittag verlorengegangenen Kinder, die, ohne daß eins viel von dem andern weiß, die Tür in der Mauer finden und den verzauberten Garten betreten. Wir könnten nun Hand in Hand gehen. Ihr forschender Blick fragt: »Siehst du das auch so?«

Aber es ist nicht der Moment für Gelegenheiten. Obwohl mir der Rosenkavalier-Walzer im Kopf klingt, obwohl ich sie aus ihrem Sessel reißen und heftig küssen könnte, arbeiten wir weiter.

»Lieber Mr. Fontenot: bei einem flüchtigen Blick auf Ihre Akte fiel mir plötzlich auf, daß es für Sie nicht unbedingt ratsam ist, aus dem heraufdämmernden Raketenzeitalter Profit zu schlagen ...«

Der Faubourg-Marigny-Typ kommt nicht wieder, und um sieben Uhr 30 ist es ganz selbstverständlich, daß ich Sharon nach Hause bringe.

Von Texas her sind Böen angekündigt, und wir fahren in einem Geflacker von Sommerblitzen zur Esplanade hinunter. Schwer drückt die Luft auf die Elysian Fields; schon am frühen Abend sind die Seeschwalben alarmiert in die Sümpfe weggeflogen. Das French Quarter ist übervoll. Es tut gut, die grünen Flächen und den weiten Himmel von Gentilly hinter sich zu lassen und in eine beengte Gegend zu kommen, die vollgestellt ist mit altersschwachen Gebäuden und erfüllt von menschlichen Gerüchen und Geräuschen, ohne Drosselgeflöte und Schwalbengeschrill. Es tut gut, im Zwielicht den offenen Himmel mit einem gelbleuchtenden Ort zu tauschen und neben sich einen warmen Schenkel zu spüren. Fast vergesse ich meinen Vorsatz und frage Sharon, ob sie etwas trinken will. Aber ich halte mich zurück. Dafür schaue ich ihr nach, wie sie ins Haus geht. Sie steigt eine neuerbaute Betonstufenflucht hinan, die sich wie eine Laufplanke in eine vage obere Region schwingt.

11

Heute abend ist Kates Supper mit den »Königinnen« (ohne mich). Ich trinke Bier und sehe fern. Aber immer wieder muß ich an Sharon denken, die große schöne Majorette aus Alabama. Meine Hände fangen zu schwitzen an. Die Luft ist schwer und still. In solchen Momenten muß ich achtsam sein. Ich könnte dann jede Vorsicht vergessen, Sharon sofort sehen wollen – oder mich sogar mit dem Wagen an die Esplanade stellen, nach ihr spähen und damit alles gefährden. Endlich bricht der Sturm los, ein richtiger Krachmacher aus Texas, und das Ungute schwindet. Ich sitze ungestört und unbeschwert in meinem Flechtsessel und sehe fern.

Der Marshall nimmt da in einer Indianerhütte ein paar Männer fest. Die Squaw ist umgebracht worden; sie hat ein Baby hinterlassen. Das Blatt wendet sich: die Killer bekommen die Oberhand und halten den Marshall als Geisel in einer Telegraphenbaracke. Der Marshall erinnert sie an das Baby in der Hütte. Er ist nicht nur ein Marshall, sondern auch ein Humanist. »Es ist doch bloß ein Indianerbalg«, wendet ein Killer ein. »Falsch«, repliziert der Marshall: »Es ist ein Menschenwesen.« Schließlich bringt er die Bande dazu, das Baby zu retten und es sogar taufen zu lassen. Die Killer gehen mürrisch den Padre holen; dieser sieht in fast übernatürlicher Weise dem verstorbenen H. B. Warner ähnlich.

Umfächelt und umhegt vom Sturm gehe ich zu Bett, geborgen wie eine Larve im Kokon, warm eingehüllt in christliche Freundlichkeit. Vom Sessel zum Bett und vom TV zum Radio, für ein kleines Schlummerprogramm. Ich folge dem Ritual der Gewohnheit wie ein Mönch, vergnüge mich an den alltäglichsten Wiederholungen und höre jede Nacht um zehn »Woran ich glaube«. In dieser Sendung geben Hunderte der besten Geister dieses Landes, nachdenkliche und intelligente Leute, ihr Credo bekannt. Die zwei-, dreihundert, die ich bis jetzt gehört habe, waren ausnahmslos bewundernswert. Ich bezweifle, ob irgendein andres Land oder eine andre Zeit je so nachdenkliche und hochgeistige Menschen hervorgebracht hat – insbesondere Frauen. Und insbesondere Frauen aus dem Süden. Ich glaube tatsächlich, daß der Süden mehr hochgeistige, universelle Frauen hervorgebracht hat als irgendeine andere Region des Landes, ausgenommen vielleicht New England im letzten Jahrhundert. Fünf meiner sechs lebenden Tanten tragen sich mit den erhabensten theosophischen panbrahmanischen Vorstellungen. (Die sechste ist presbyterianisch geblieben.)

Müßte ich all diese Leute mit einem gemeinsamen Merkmal kennzeichnen, so wäre das ihre Nettigkeit. Ihr Leben ist ein Triumph der Nettigkeit. Sie haben die wärmsten, großzügigsten Empfindungen und mögen jedermann. Und was sie selber angeht: auch der ärgste Griesgram muß sie mögen.

Die Hauptperson des heutigen Abends ist ein Dramatiker, der diese besondere Qualität auch in seine Stücke einbringt. Er fängt an:

»Ich glaube an die Menschen. Ich glaube an die Toleranz und an die Verständigung. Ich glaube an die Einzigartigkeit und an die Würde des Individuums –«

Jeder bei »Woran ich glaube« glaubt an die Einzigartigkeit und Würde des Individuums. Aber es fällt auf, daß die Bekenner selber weit entfernt von Einzigartigkeit sind; daß sie in Wahrheit einander gleichen wie Erbsen in der Schote.

»Ich glaube an die Musik. Ich glaube an ein Kinderlächeln. Ich glaube an die Liebe. Ich glaube auch an den Haß.«

Wahr: ich bin einigen dieser Gläubigen im Haus meiner Tante begegnet, Humanisten und Psychologinnen. In »Woran ich glaube« mögen sie jeden. Aber wenn es um diesen oder jenen geht, dann hassen sie ihn gewöhnlich auf den Tod.

»Woran ich glaube« hat mir nicht immer gefallen. Während ich bei meiner Tante wohnte, wurde ich davon in diabolische Zustände versetzt. Aber statt wie sonst einen Brief an eine Zeitung zu schreiben, besprach ich ein Band und ließ es Mr. Edward R. Murrow zukommen. »Folgend die Glaubenswahrheiten von John Bickerson Bolling, Moviegoer, wohnhaft in New Orleans«: so fing es an. Und hörte so auf: »Ich glaube an einen guten Tritt in den Hintern. Das ist es, woran ich glaube.« Ich habe diese Überreaktion freilich bald bedauert und war erleichtert, als das Band zurückgeschickt wurde. Seitdem bin ich ein treuer Hörer von »Woran ich glaube«.

»Ich glaube an die Freiheit, an die Heiligkeit des Individuums, an die menschliche Brüderlichkeit –« (so schließt der Dramatiker).

»Ich glaube ans Glauben. Das ist es, woran ich glaube.«

All die Zittrigkeit beim Gedanken an Sharon ist weg. Ich schalte das Radio aus und liege da, mit einem süßen Klingeln im Leib, einem Klingeln für Sharon und alle Mit-Menschen.

12

In der tiefsten Nacht, auf dem Höhepunkt des Sturms, läutet das Telefon wie eine furchterregende Befehlsstimme, und ich finde mich, zitternd wie ein Blatt, mitten im Zimmer wieder, ohne zu wissen, was los ist. Es ist meine Tante.

Das Telefon ist gestört und kracht. Ich horche so angestrengt, daß ich nichts verstehe.

Meine Tante sagt, es sei etwas mit Kate. Als Onkel Jules und Walter vom Iberia Ball zum Hotel kamen, war Kate nicht da. Nell Lovell, früher selber einmal »Königin«, sagte, Kate sei irgendwann vor elf plötzlich weg. Seither waren drei Stunden vergangen, und sie war noch nicht zu Hause. Aber Nell war nicht beunruhigt. »Du erinnerst dich doch an meine Christmas Party im ›Empire‹«, sagte sie zu meiner Tante: »Da verschwand sie und ging den ganzen Weg nach Laplace zu Fuß. Das ist Kate.« Meine Tante hat ihre Zweifel. »Hör zu«, sagt sie zu mir, in der trocken-disputmäßigen Sprechweise engverflochtener Familien in Krisenzeiten: als rede sie von einer Fremden. »Ich habe gerade ihre letzte Tagebucheintragung gelesen: ›Heute abend kommt der Zusammenhang. Die neue Freiheit muß wirken – wenn nicht: Schluß mit dem Seiltanz.‹ – Du erinnerst dich an ihren ›Seiltanz‹.«

»Seiltanz« ist ein Ausdruck Kates aus ihrer ersten Krise: In der Kindheit, bei Lebzeiten ihrer Mutter, sprachen und lachten die Leute noch selbstverständlich-vertraut und standen auf festem Grund; aber danach schien jedermann (nicht nur sie) sich des Abgrunds zu seinen Füßen bewußt zu werden, bei den alltäglichsten Vorgängen – gerade bei den alltäglichsten Vorgängen. Sie fühlte sich seitdem weit eher im Niemandsland als auf einem Familienfest oder bei einem Mittagessen.

»Ich mache mir nicht wirklich Sorgen um sie«, sagt meine

Tante lebhaft. Schweigen, und Knacken in der Leitung. Seltsam: mein vorherrschendes Gefühl ist leichte Geniertheit. Ich suche krampfhaft nach einem Wort. »Das Mädchen ist schließlich fünfundzwanzig«, sagt meine Tante.

Ein Blitz schlägt in der Nähe ein; ein böser Bolzen. Der Knall kommt sofort, noch in der Weißhelligkeit, und erschüttert das Haus.

»– ihn endlich erreicht in seinem Hotelzimmer in Atlanta.«
»Wen?«
»Sam. Er fliegt gleich morgen früh, nicht erst am Sonntag. Er war ziemlich aufgeregt; sprach von einer außerordentlichen Neuigkeit. Er wollte mir nichts Näheres sagen. Durch ein eigenartiges Zusammentreffen scheinen gerade heute zwei Dinge passiert zu sein, die genau Kate betreffen. Jedenfalls – ich glaube, sie ist auf dem Weg zu dir. Wenn das zutrifft, bring sie nach Hause.« (Nach einer Pause:) »Kate ist doch keine Lady Mae.«

Sie denkt zweierlei: einmal an eine Bekannte aus Feliciana namens Lady Mae Metcalfe, die verrückt wurde, öfters aus dem State Hospital in Jackson verschwand und hier auf der Bourbon Street Fremde ansprach, und dann an das leicht maliziöse Glimmen in Nell Lovells Augen, sogar in dem Moment, als sie meine Tante beruhigte.

Um drei Uhr erwache ich mit einem Ruck, ziehe einen Regenmantel an und gehe hinaus an die frische Luft.

Die Böen haben sich gelegt. Die Elysian Fields sind tropfnaß und still, aber hoch im Himmel ist ein Sausen von dem letzten bißchen Meeresluft, das die kühl-schwere Wetterfront mit sich gezogen hat. Der Wind schwenkt nordwärts und bläst das Unwetter weg, bis der Mond in der Höhe schwimmt, wie festgebunden, drachengleich, den abziehenden Wolkenfetzen nachjagend.

Ich sitze in dem Unterstand außerhalb von Mrs. Schexnaydres Kettenzaun. Der Stand ist gegenüber der Schule, für die Kinder, die den Bus Richtung See nehmen. Die Straßenbeleuchtung wirft blauschwarze Schatten. Jenseits des Boulevard, an der Ecke Elysian Fields – Bons Enfants, erstreckt sich ein freier Platz, brusthoch bewachsen vom Unkraut des letzten Sommers. Vor ein paar Wochen kam mir die Idee, den Platz zu kaufen und da eine Tankstelle zu bauen. Wie ich erfahren habe, steht er zum Verkauf, für zwanzigtausend Dollar. Durch das Glück mit Mr. Sartalamaccia kann aus dem Plan etwas werden. Es ist nicht schwer, sich den kleinen Kachel-Würfel eines Gebäudes vorzustellen, mit weitausladenden Portalen, einem Vorbau aus seidigem Beton und der obenauf rotierenden unbefleckten Muschel, jeder Inch daran leuchtend von wunderbarem Styren. (Ich habe schon Kontakt mit dem Shell-Manager.)

Ein Taxi hält in dem Laternenlicht. Kate steigt aus und geht am Unterstand vorbei, die Hände tief in den Taschen. Ihre Augen sind finstere Gruben, und ihr Gesicht hat den versunkenen, fast häßlichen Ausdruck der Einsamen. Als ich sie anrufe, kommt sie geradewegs her, ohne Überraschung, mit einer übertriebenen und beunruhigenden Willigkeit. Dann erkenne ich, daß sie erfüllt ist von einer ihrer großen Ideen, der Art Ideen, die Leute auf langen Fußmärschen kommen.

»Ich bin ein Idiot gewesen.« Sie legt mir beide Hände auf den Arm und merkt nichts von der Aura der Stunde. Sie ist nirgends; sie ist im Reich ihrer Idee. »Glaubst du, daß jemand durch einen einzigen Fehler – nicht einmal eine Tat, sondern eine falsche Rechnung – sein Leben ruinieren kann? Könnte jemand nicht im Elend sein, weil er eine Sache falsch aufgefaßt hat, in deren Natur es zugleich lag, daß sie ihm auch nicht ausgeredet werden konnte: weil das Reden selber das Verdrehende war? Als wäre man auf dem Mars gelandet, ohne zu wissen, daß ein Marsbewohner auf Fragen tödlich beleidigt reagiert, so daß bei jeder Frage, was denn falsch sei, alles nur noch schlimmer für einen würde?« Sie erblickt meinen Ärmel und ergreift ihn mit einer neugierig-rohen Gebärde, wie eine warenbetastende Hausfrau. »So was, ein Pyjama«, sagt sie leichthin. »Also?« Sie sucht meinen Blick im violetten Schatten.

»Ich weiß es nicht.«

»Aber ich weiß es. Ich habe es herausgefunden, Binx. Keiner von euch hätte es mir erklären können, auch wenn ihr es gewollt hättet. Ich weiß nicht einmal, ob du es weißt.«

Ich warte bedrückt. Ich habe gelernt, mich vor Kates Offenbarungen zu hüten. Diesen exaltierten Momenten, da sie des Zukunftskurses ganz sicher ist, folgen oft Perioden der ärgsten Niedergeschlagenheit. »Ich bin sicher, du hast nicht einmal eine Ahnung davon«, sagt Kate und forscht in meinem Gesicht, von einem Auge zum anderen, als seien wir ein Paar. »Und meine Erklärung würde nichts nützen.«

»Erklär es mir trotzdem.«

»Ich bin frei. Nach fünfundzwanzig Jahren bin ich frei.«

»Woher weißt du das?«

»Du bist gar nicht überrascht?«

»Wann hast du es erfahren?«

»Um vier Uhr dreißig heute nachmittag, gestern nachmittag. Bei Merle. Ich hatte lange Zeit nichts gesagt und schaute dann auf zu seinem Bücherregal. Ich sah dort sein Buch, ein Buch mit einer Art Sackleinen-Umschlag, der mir seit jeher unangenehm war. Und wie sehr hatte ich doch versucht, ihm und seinem Buch nachzuleben, ›freudvoll‹, ›als ich selber‹ usw. An gewissen Tagen war ich so nervös wie eine Schauspielerin, und es gab Momente, da war ich erfolgreich – ich selber und brillant, so brillant, daß er mich dafür sicher geliebt hat. Armer Merle. Er kann mir nichts sagen. Er hat mir kein Geheimnis mitzuteilen, auch wenn er es wüßte. Errätst du, was ich getan habe? Nach etwa einer Minute fragte er mich: Woran denken Sie? Ich setzte mich auf und rieb mir die Augen, und dann hat es mir gedämmert. Aber ich konnte es nicht glauben. Gott, wie kann ein Mensch fünfundzwanzig Jahre leben, ein Leben der Qual, nur durch ein *Mißverständnis*? Ja! Ich bin aufgestanden. Ich hatte entdeckt, daß man nicht gezwungen ist, dies oder das zu *sein* oder irgend etwas zu sein, nicht einmal man selber. Man ist frei. Aber auch wenn Merle das wüßte und es mir sagte – gäbe es auf der Welt keine Vermittlung für eine solche Erkenntnis. Seltsamer Gedanke: diese Entdeckung kann nicht weitergegeben werden. Dann fragte Merle noch einmal: Woran denken Sie? Ich bin aufgestanden und habe mich verabschiedet. Er sagte: Es ist erst vier Uhr dreißig, die Stunde ist noch nicht zu Ende. – Dann begriff er, daß ich gehen wollte. Er wurde neugierig und schlug vor, die Gründe zu erörtern. Ich sagte: Merle, wie wünschte ich, daß Sie recht hätten. Wie gut zu denken, es gebe Ursachen, und mein Schweigen bedeute, ich hätte etwas zu verbergen. Wie glücklich wäre ich, hätte ich etwas zu verbergen. Wie stolz bin ich doch, sooft ich tatsächlich verborgene Ursachen für Sie finde, Ihre persönlichen Lieblingsursachen. Wenn da aber gar nichts ist? Davor habe ich bis jetzt Angst gehabt: vor der Entlarvung – davor, daß ich gar nichts zu verbergen habe. Doch jetzt weiß ich, warum ich Angst hatte und daß ich keinen Grund mehr dazu habe. Ich hatte Angst, weil ich dachte, ich müßte die und die *sein*, mindestens so gut wie Ihre ›freudvolle, kreative Persönlichkeit‹ (ich lese Ihre Artikel, Merle). Welch eine Entdeckung! Gerade noch bemühe ich mich mit jeder Faser, die von Ihnen gewünschte freudvolle kreative Person zu sein, zitternd vor Angst, ich könnte scheitern – und jetzt bin ich ganz gewiß: auch wenn es mir gelänge, Ihre freudvolle und kreative Persönlichkeit zu werden, wäre mir das nicht gut genug. Ich bin frei. Adieu, Merle. – Und ich bin gegangen, zum ersten Mal frei wie ein Vogel, fünfundzwanzigjährig, gesund wie ein Pferd, voll von sanfter Energie – vor mir die Welt. Tadle mich nicht, Binx. Du denkst, ich sollte alles rückgängig machen. Sicher werde ich das tun. Aber ich weiß auch, daß ich im Recht bin, sonst wäre mir nicht so wunderbar zumute.«

Es wird ihr nicht lang so zumute sein. Schon bleicht der Himmel über Chef Menteur, und bald wird die Morgendämmerung über uns scheinen wie der Grund des Meeres. Kate wird in sich versinken, sobald die Nacht sich in ortloses Grau auflöst. Schon jetzt übertreibt sie; müht sich ab mit ihrer Exaltation.

Ich nehme ihre kalten Hände. »Was hältst du von der folgenden Idee?« Ich erzähle von der Tankstelle und Mr. Sartalamaccia. »Wir könnten hier bei Mrs. Schexnaydre bleiben. Es ist sehr gemütlich bei ihr. Vielleicht betreibe ich die Station sogar selber. Du würdest am Abend mit mir zusammensitzen – bei Bedarf. Hast du gewußt, daß man mit einer guten Tankstelle über fünfzehntausend im Jahr verdienen kann?«

»Lieber alter Binx. Machst du mir einen Heiratsantrag?«

»Freilich.« Ich betrachte sie unsicher.

»Kein schlechtes Leben. Das bestmögliche Leben.« Sie spricht in Verzückung – fast wie meine Tante. Die Zuversicht verläßt mich.

»Reden wir nicht mehr darüber.«

Ihr »Doch, doch« kommt so verzückt und zugleich erloschen und leer wie von Eva Marie Saint. Sie beugt sich vor und umklammert sich selber. Sie stöhnt, jetzt als Kate. »Ich habe solche Angst.«

»Ich weiß.«

»Wie geht es weiter?«

»Du meinst, im Moment?«

»Ja.«

»Wir werden zu meinem Wagen gehen. Dann werden wir zum French Market fahren und Kaffee trinken. Dann ab nach Hause.«

»Wird alles gut?«

»Ja.«

»Sag es mir. Sprich die Worte.«

»Alles wird gut werden.«

DREI

I

Der Samstagmorgen im Büro ist öde. Die Börse ist geschlossen, und es bleibt nichts übrig, als die Briefe weiterzuschreiben. Aber mehr habe ich ja nicht erwartet. Schönes Wetter, überwarm. Tropische Luft hat das Erdreich befruchtet, und die kleinen Plätze mit St. Augustine-Gras erscheinen frühlingshaft üppig. Kampferbeeren platzen unter den Sohlen; an den Elysian Fields blühen Azaleen und Judasbäume. Im weichblauen Himmel eine Wolkenandeutung, und überall das Pfeifen von Seidenschwänzen.

Während Sharon die Briefe tippt, stehe ich mit den Händen in den Taschen und spähe durch die Goldlettern vor unserm Fenster. Ich denke an Sharon und American Motors. Die gestrige Schlußnotierung: 30¼.

Elf Uhr; Zeit, zur Sache zu kommen.

»Ich gehe. Ich habe bis zum Lunch noch sechzig Meilen vor mir.«

»Welche Richtung?«

»Zum Golf.«

Gleichmäßiges Geklapper der Schreibmaschine.

»Möchten Sie mit?«

Sie scheint nicht überrascht. »Zufällig habe ich zu arbeiten.«

»Falsch. Das Büro ist geschlossen.«

Immer noch kein Zeichen von Überraschung. Ich habe erwartet, daß sie ihre Sekretärinnenart ablegt. Doch das Geklapper wird fortgesetzt.

»Ich gehe.«

»Lassen Sie mich wenigstens zu Ende schreiben!« ruft sie

zänkisch. Das also ist ihre Art. Sie wird vertraulich, indem sie vor den Kopf stößt. »Sie gehen voraus. Ich komme gleich nach. Ich muß noch jemanden anrufen.«

»Ich auch.« Ich rufe bei Kate an. Mercer ist am Telephon. Kate ist mit Tante Emily zum Flughafen gefahren, um Sam abzuholen. Er meint, es geht ihr gut.

Sharon blickt mich an, gelbes Auge. »Ist Miss Cutrer mit Ihnen verwandt?« fragt sie mit ihrer streitlustigen neuen Stimme.

»Sie ist meine Cousine.«

»Jemand erzählte mir, Sie seien mit ihr verheiratet.«

»Ich bin mit niemandem verheiratet.«

Sie beugt den Kopf vor und steht mit einem geistesabwesenden Ruck auf.

»Warum wollten Sie wissen, ob ich verheiratet bin?«

»Ich sage Ihnen eins, son: mit einem verheirateten Mann gehe ich nicht aus.«

Aber sie ist noch immer nicht »mein Rendezvous«. Ganz ihre eigene Herrin, macht sie sich daran, den Tisch aufzuräumen. Als sie die guatemaltekische Tasche schultert und geradewegs zur Tür schreitet, ist es an mir, hinter ihr herzugehen. Ich weiß nun, wie sie es haben will: »Glaub nicht, ich würde herumstehen und auf dich warten – du sprachst vom Schließen des Büros – also gehe ich.«

Nach dem Telephonieren blitzen ihre Augen. Der Mann vom Faubourg Marigny hat es zu hören gekriegt.

»Schwimmen Sie gern?«

»Ist das ein Scherz? Schwimmen ist mir lieber als Essen. Wohin fahren wir?«

»An den Ozean.«

»Ich wußte gar nicht, daß es hier herum einen Ozean gibt.«

»Der Golf ist der Ozean.«

Beim Einsteigen ins Auto spricht sie einen imaginären Dritten an. »Das nenne ich Service. Dein Boß läßt dich nicht nur weg zum Schwimmen – er bringt dich zum Strand.«

Unter solchen Voraussetzungen brechen wir also auf: sie als das Mädchen, dessen Herzenssehnsucht das Schwimmen ist, ich als der großherzige Arbeitgeber, der so nett ist, für den Transport zu sorgen.

Nach einem Umweg über die Esplanade fahren wir am frühen Nachmittag die Golfküste entlang. Es läuft nicht schlecht. Wie das Geschick es will, werden wir vor der Küstenstraße bei Bay St. Louis in einen Unfall verwickelt. Glücklicherweise nichts Ernstes. Mit ›Geschick‹ meine ich das gute Geschick. – Wie aber, so fragen Sie, kann man einen wenn auch nur geringfügigen Unfall als ›gutes Geschick‹ sehen?

Weil er ein Mittel gegen die Malaise ist – sofern man klug genug ist, das Mittel anzuwenden.

Was ist die Malaise? fragen Sie. – Die Malaise ist der Verlustschmerz. Die Welt ist Ihnen verlorengegangen, mitsamt der Menschheit; nur Sie *hier* und die Welt *dort* sind noch übrig, und Sie sind kaum lebensfähiger als Banquo's Geist.

Ist es denn nicht das Höchste, mit einer liebreizenden Frau am ersten schönen Tag des Jahres unterwegs zum Meer zu sein? – So sprechen die Zeitungspoeten. Es ist nicht so einfach, und falls Sie einmal in einer vergleichbaren Lage waren, dann wissen Sie das auch – ausgenommen natürlich, die Frau ist zufällig Ihre eigene (oder sonst ein alltägliches Wesen), so vertraut, daß sie Ihnen unsichtbar bleibt wie Sie sich selber. – Wo ein Sieg winkt, da droht auch der Verlust. Wann immer man dem großen Glück hofiert, riskiert man die Malaise.

Ich habe bemerkt, daß schon die Automarke entscheidend ist. Als ich nach Gentilly zog, kaufte ich eine neue Dodge-Limousine, einen Red Ram Six; eine bequeme, konservative, sparsame Zweitüren-Limousine, gerade das Richtige für einen jungen Geschäftsmann aus Gentilly. Beim ersten Mal schien alles in Ordnung: ein gesunder junger Mann, von der Army mit geordneten Papieren heimgekehrt, ein US-Bürger, am Steuer eines sehr ordentlichen Autos. Aber auf meiner ersten Fahrt zur Golfküste (mit Marcia) entdeckte ich zu meinem Schrecken, daß der schöne neue Dodge eine regelrechte Brutstätte von Malaise war. Obwohl er so bequem war und lief wie ein Uhrwerk, obwohl wir in vollkommener Bequemlichkeit dahinbrausten, mit einem vollendeten Ausblick auf die Szenerie wie das Amerikanische Paar in der Dodge-Reklame, wurde alsbald die Malaise akut. Wir erstarrten in eisiger Beflissenheit, die Wangen schmerzend von Gelächel. Wir wären füreinander beflissen gestorben. In Verzweiflung schob ich ihr die Hand unters Kleid, aber auch diese vertrauliche kleine Geste wurde erwidert mit derselben angstvollen Höflichkeit. Ich wollte anhalten und mir den Schädel gegen die Karrosserie schlagen. Aber statt dessen rasten wir nur immer weiter, ein kleiner Wirbel von Verzweiflung, der sich durch die Welt bewegte wie das stille Auge eines Hurrikans. Es erwies sich, daß ich doch hätte halten und mir den Schädel einrennen sollen, denn Marcia und ich kehrten geschlagen von Malaise nach New Orleans zurück. Es vergingen Wochen, bis wir es wieder riskierten.

Deswegen habe ich mit Autos nichts im Sinn und ziehe Busse und Straßenbahnen vor. Wäre ich ein Christ, so würde ich zu Fuß pilgern, denn das ist die beste Art, unterwegs zu sein. (Aber Frauen mögen das nicht.) Der rote MG ist freilich eine Ausnahme von der Regel. Er ist ein dürftiges Vehikel mit dem Vorteil, immun zu sein gegen die Malaise. Unvorstellbares Glück, das Marcia und ich erfuhren, sobald wir in diesem leuchtenden kleinen Gestell auf dem Highway dahinsausten. Verwundert schauten wir einander an: Die Malaise war verschwunden! Wir befanden uns draußen in der Welt, in der dicken Sommerluft zwischen Himmel und Erde. Ohrenbetäubender Lärm, Wind wie ein Orkan; die Asphaltstrukturen kamen auf uns zu wie Berge.

Trotzdem bin ich nicht unbeschwert mit Sharon losgefahren. Hatte sich die Malaise vielleicht nur gelegt durch die Neuigkeit »MG«? Der MG war ja inzwischen nichts Neues mehr. Wie, wenn die Malaise mit jeder Frau anders akut wurde und jeweils verschiedene Gegenmaßnahmen verlangte? Eins war sicher: eine harte Prüfung stand bevor. Denn der Einsatz war hoch. Entweder es war uns das große Glück bereitet oder eine Malaise über alle Begriffe. Marcia und Linda waren nichts vor dieser üppigen Elfe aus Eufala, die sich bewegt wie eine Ballerina, dabei fleißig und gelehrig, träumerisch bei der Sache, den Kopf geneigt, die Wangen flaumig und knochig wie die eines Knaben. Ich brause also den Abgrund entlang, dieses Geschöpf im Schalensitz neben mir, die schwärzeste Malaise befürchtend, die grünsten Gefilde erhoffend. Mein Vorteil ist ihr Boyfriend, der Typ vom Faubourg Marigny: der Bursche scheint instinktlos genug, einen Anspruch auf sie zu erheben; dem Himmel sei gedankt für diesen Kerl.

Als wir an den Sumpffeuern von Chef Menteur vorbeifahren, scheint mich tatsächlich ein Hauch von Malaise zu erwischen. Eine kleine Höllenzunge leckt von hinten an uns heran, und der MG rast davon; röhrt wie ein Bomber durch die sandige Kiefernödnis und durch Bay St. Louis. Sharon lächelt still, die Augen im Wind weit offen, die großen goldenen Knie am Armaturenbrett. »Das ist das liebste kleine Auto, das ich je gesehen habe!« hat sie mir gerade zugeschrien.

(Nach einem bestimmten Schema von Schicklichkeit, das nur ihr bekannt ist, wurde sie ›mein Rendezvous‹ erst beim Verlassen des Esplanade-Apartments, wo sie sich ein Knabenhemd und schwarze Kniehosen anzog. Ihre Zimmerkameradin beobachtete uns oben vom Fenster. »Winken Sie Joyce«, befahl mir Sharon. Joyce stützte sich aufs Fensterbrett: ein braunhaariges Mädchen in einer Wildlederjacke, mit dem begehrlichen Blick allein zurückbleibender Zimmerkameradinnen. Ich schaute noch einmal zu ihr hinauf. Joyce verlagerte ihr Gewicht. Eine Traurigkeit befiel mich. Wenn nur – Wenn nur was? Wenn ich nur Sharon wegschicken und schnurstracks hinauf zu Joyce könnte, dieser gänzlich Fremden? Ja, so war es. Aber nicht ganz so. Wenn ich nur mit beiden sein könnte, in einem Haus voll von ihresgleichen, einem alten Esplanade-Appartmenthaus voll von kräftigen amerikanischen Mädchen mit preziösen Kopfhaltungen und schönen großen Hintern. Im letzten Moment kriegte Joyce offensichtlich mit, was ich gerade dachte, denn sie lachte mich zweideutig an. Sharon drückte sich gemächlich ins Auto und dann an mich. Jetzt war eine Berührung möglich. Als wir die Elysian Fields verließen, war ihr Arm warm auf dem meinen. Auf einmal war sie ganz umgänglich, rutschte im Sitz herum, stieß mit Knie, Hüfte und Ellbogen gegen mich. Jetzt war sie mein »Date« und erinnerte mich ein wenig an eine Krankenschwesterschülerin, die ich einst kannte: nur war sie nicht so steif, sondern eher vergnügt und ungebärdig. Der MG schoß von den Stopsignalen los wie ein Füllen, und ich fühlte mich wohl.)

Ja, das kleine Auto hat uns in seinem Bann: erdverbunden wie Würmer, rasen wir zugleich auf einem gewaltigen, Himmel und Erde verbindenden Bogen dahin. Schwere duftende Luft legt sich auf uns, wir flitzen an einer viereckigen Pyrocanthahecke vorbei, und unversehens erstreckt sich vor uns der Golf, weite Glätte und ein Glitzern zum Süden hin.

Der Unfall passiert unter Pass Christian. Ein in die Gegenrichtung fahrender Ford will umdrehen, schert aus und rammt mich genau seitlich, nicht sehr fest. Ein hohler Metallknall, und der MG springt wie ein verschrecktes Kalb auf den Seitenstreifen, hängt in einer Abflußrinne und bleibt mit einem Zischen stehen. Meine kaputte Schulter hat etwas abgekriegt, und ich glaube kurz, das Bewußtsein zu verlieren; aber davor sehe ich noch zweierlei: Sharon ist heil, und bei den Leuten, die mich gerammt haben, handelt es sich um ein altes Paar aus Ohio. Fast ist es ein Wiedererkennen. Ich habe sie hundertfach in den Motels gesehen: er ältlich, mager und drahtig, mit einem Truthahnhals, sie gesichtslos. Sie sind auf dem Weg nach Florida. In dem Moment, da wir über das Gras bocken, kommt von dem Mann ein einzelner erschreckter Blick; er wendet sich hilflos an die Frau, zögert, schießt los. Ab ist er, über das Lenkrad gebeugt wie ein Jockey.

Sharon ist bei mir. Sie berührt mein Kinn, wie um auf sich aufmerksam zu machen. Der Schmerz in der Schulter, zunächst unvorstellbar, ist inzwischen erträglich. »Dieser Verrückte hätte uns fast umgebracht.« Die Autos fahren langsamer. Ein Neger, der den abschüssigen Rasen unter einem Sommerhaus sprengt, legt den Schlauch weg und schaut. Durch unser Mißgeschick sind wir ein Anblick geworden, und man starrt uns an, schwerlidrig, fast verzaubert. Aber dann fahren die Autos unversehens weiter, und den folgenden fällt nichts mehr auf. Der Neger hebt den Schlauch vom Boden. Wir sind wieder anonym.

»Was ist mit Ihnen?« fragt Sharon. »Sie sehen schrecklich blaß aus.«

»Ich habe mir die Schulter geprellt.«

»Lassen Sie sehen.« Sie hilft mir beim Hemdausziehen, aber das T-Shirt ist zu eng, und ich kann den Arm nicht heben. Sie langt nach ihrer Guatemala-Tasche und schneidet mit einer Hautschere den Ärmel durch. Dann hält sie inne.

»Das ist nicht von dem Unfall gerade.«

»Freilich nicht.«

Sie erbittet ein Taschentuch und läuft damit hinunter zum Strand, um es in Salzwasser zu tauchen.

Ich habe einen Schulterdurchschuß – eine unauffällige Wunde, so unauffällig, wie sie sonst nur Rory Calhoun oder Tony Curtis beigebracht werden. Es hätte mich schließlich ja auch woanders treffen können. Unauffällig – hätte ein Splitter nicht den oberen Zipfel des Brustfells erwischt, was mir einen Lungenkollaps bescherte und ein großes rasselndes Empyem. Kein chronisches Leiden, trotz allem, nur eine kräftige Narbe zwischen den Schulterblättern und bei bestimmtem Wetter leichte Gelenkschmerzen.

Kaltes Wasser rinnt an meiner Seite herab. »Wo haben Sie das abgekriegt?«

»Auf dem Chongchon Fluß.«

»Im Krieg?«

»Ja.«

»Oh.«

O Tony und Rory: so gut hat die Regie es mit euch nie gemeint. Nicht einmal mit dir, mein nobler Will Holden. O Sterne alle. Lebwohl für immer, Malaise. Lebt wohl und viel Glück, grüner Ford und Alter aus Ohio. Mögest du in Tampa glücklich leben bis ans Ende.

Dabei kenne ich Leute, die über das Geschehene traurig gewesen wären: die an nichts andres gedacht hätten als an ihren MG. Gesegneter MG.

Endlich gelingt es mir auszusteigen, und wir setzen uns auf das Grasufer. Mir dreht sich der Kopf; der Kerl hat tatsächlich meine Schulter geprellt. Am MG ist wenig: eine Delle an der Tür.

»Genau wo Sie saßen«, sagt Sharon und preßt mir das Taschentuch gegen die Schulter. »Und dieser alte Schuft hat nicht einmal angehalten.« Sie hockt in ihren schwarzen Hosen da wie eine Fünfjährige und betrachtet mich. »Hat das damals nicht wehgetan?«

»Erst mit der Infektion ist es schlimm geworden.«

»Ich will Ihnen etwas sagen: ich möchte auf keinen Fall, daß jemand auf mich schießt.«

»Haben Sie ein Aspirin in der Tasche?«

Sie gießt mir einen mächtigen Drink in einen Pappbecher (auch aus der Guatemala-Tasche), und während ich die Tablette hinunterspüle, hält sie meine kaputte Schulter zwischen beiden Händen, als sei Aspirin etwas Schmerzhaftes. Ich biete ihr die Flasche an. Sie trinkt, fast ohne eine Miene zu verziehen, die Hand ans Brustbein gepreßt. Wir ziehen mir etappenweise das Hemd über.

Dann denkt jeder im selben Moment an den MG. Doch er springt sofort an, ein trotzig an den grünen Ford gerichtetes Röhren.

Ich habe die Whiskyflasche vergessen, und als ich aussteige, um sie zu holen, falle ich beinahe um. Rory – im letzten Moment ist sie da und fängt mich auf. Ich schlinge beide Arme um sie.

»Hierher, son.«

»Ich komme. Wie geht es weiter?«

»Du setzt dich neben mich.«

»Kannst du fahren?«

»Du sagst mir die Richtung an.«

»Zuerst besorgen wir uns Bier, dann weiter nach Ship Island.«

»Mit diesem Wagen?«

»Mit einem Schiff.«

»Wo ist die Insel?«

»Dort.« Jenseits der Bucht erstreckt sich ein langer blauer Streifen von Kiefern.

Die Überfahrt enttäuscht mich. Ich hatte mir für diese Jahreszeit ein leeres Schiff erhofft, ein verlassenes Deck, zum In-der-Sonne-Liegen. Statt dessen Gedränge; wir sitzen stocksteif auf einer Bank in der einzigen kleinen Kabine, um uns mindestens hundert Kinder. Wie wir erfahren, handelt es sich um eine Naturfreunde-Exkursion aus Leake County, Mississippi. Ein Dutzend Männer und Frauen, die aussehen wie Baptistendiakone und -diakonissen, rotgesichtig, mit Zahnlücken, freundlich, kümmern sich um sie. Wir werden angedunstet von dem Geruch aus Nord-Mississippi: warme weiße Haut unter dickem Baumwollzeug. Wie weiß diese Farmkinder sind, milchweiß. Keine Spur Sonne an ihnen, keine verbrannten Hälse; nicht bleich sind sie, sondern weiß, das üppig feuchte Weiß stoffumhüllter Haut.

Wie Einwanderer im Laderaum dampfen wir durch die dünnen milchigen Wasser des Mississippi Sound.

Das einzige andere Paar auf dem Schiff sind ein Kiesler Field-Flieger und sein Mädchen. Sein feines seidiges Haar ist kurzgestutzt wie ein Hermelinpelz, aber die Lippen, von den Nasensehnen auseinandergezogen, zeigen zwei Eichhörnchenzähne und lassen ihn einfältig erscheinen. Sie ist ein schwerfälliges Mississippi-Mädchen, fünfzehn oder sechzehn; auch sie könnte aus dem Leake County kommen. Obwohl sie Händchen halten, wirken sie wie Fremde. Jeder stiert in die Kabine, als sei er allein. Offensichtlich tanzen und schlafen sie auch so miteinander – eins des andern kaum bewußt, mit einem mild-beharrlichen Staunen vor sich hinstarrend. Auch ihnen bin ich schon begegnet, im Zoo oder im Aquarium: er hat da mit der gleichen träg-flauen Verwunderung die wilden Tiere und die Fische betrachtet, sie hat vor sich hingestarrt, nicht gelangweilt, sondern ausdauernd – behütet als sein Besitz.

Wir legen an beim Fort: ein halbverfallener Backsteinsilo aus dem Bürgerkrieg, übersät mit gelben Kodakschachteln, Kartenabrissen und Flaschenkapseln aus vielen Sommern. Dieses »historische Monument«, wo das dünne brackige Wasser des Mississippi Sound plätschert, steht da wie im Herzen der Traurigkeit. Der Abfall der vergangenen Sommer hat sich aufgetürmt zu archäologischen Schichten. Im letzten Jahr habe ich hier auf einem vergilbten Zeitungsfetzen von einer Biloxi-Wahl 1948 gelesen: das gab einen viel schärferen Geschmack von der Geschichte als die Metallplakette, die von den Franzosen und Spaniern vor zweihundert und von den Yankees vor hundert Jahren erzählt. 1948: wie vergangen.

Ein Plankensteg führt über einige Schlammlöcher und einen Salzsumpf zu einem alten Tanzpavillon. (Beim Hinübergehen sehen wir kurz den Piloten und das Mädchen sinnend an einer Ecke stehen und Royal Crown Cola trinken.) Dahinter zickzackt durch einen Sand- und Sägegrasaufwuchs ein klares Wässerchen, in dem sich Blaukrabben und kleine Weichtiere tummeln. Jenseits liegt endlich die offene See. Der Unterschied ist groß: im Vordergrund das schäbige tote Wasser, hinten der weite blaue Ozean. Das Strand ist rein, eine mächtige Welle kommt gerade an. Das Wasser im Mittelgrund ist grün und seifig. Man überquert die kleine Steigung, und das Herz wird frei; die Trauermusik wird Dur.

Wir finden eine Vertiefung im Bächlein, versenken die Bierdosen und suchen uns unten am Strand, nicht zu nah bei den Kindern, einen Sand- und Grasfleck. Schon ist Sharon im Meer, Hemd und Hose bleiben zurück wie Lumpen. Sie watet mir voraus, läuft hierhin und dorthin, die Arme dem Wasser entgegengestreckt und es gleichsam vor sich hertreibend. Dann und wann hebt sie den Arm zum Kopf, wie um sich eine Krone aufzusetzen, und kämmt sich mit Ringfinger und kleinem Finger die Haare zurück. Das grünliche Wasser umschäumt ihre Knie und sinkt dann in sandigen Wirbeln zu den Knöcheln ab. In

langsamen Spiralen bewegt sie sich ins Offene, die Schenkel umzüngelt, das Wasser vor sich hertreibend. Wie schön sie ist, schön und mutig; dabei zart wie ein Vogel. Die Kehle wird mir zugeschnürt angesichts der Traurigkeit ihrer Schönheit. Und schon kommen mir die Tränen in die Augen. Ich weiß nicht, was mit mir ist. Sie lächelt mir zu, ruckt dann mit dem Kopf.
»Warum schaust du mich so an? Was ist mit dir?«
»Ich weiß es nicht.«
»Ich gehe dir Bier holen.«
Ihr Dress ist aus schwarzschimmerndem Stoff wie ein Sportschwimmdress, rüschenlos. Sie kommt aus dem Wasser wie ein Spaniel, schüttelt den Kopf, so daß das Haar in einer nassen Locke herumfliegt, und streicht sich gebückt das Wasser von den Beinen. Versunken steht sie dann am Strand, Daumen und Zeigefinger leicht – wie ein Athlet – in die Hüfte gestützt. Erst durch das trocknende, stechende Salzwasser kommt sie wieder zu sich, fährt den Arm entlang, fingert am Rücken.

Weiter unten sind die Kinder in zwei kleine Gruppen von Mädchen und Buben geteilt worden. Sie waten – offensichtlich können sie nicht schwimmen – in beweglichen Carrés, behütet von den in schwarzen, kurzärmeligen Badeanzügen steckenden Diakonen, die Signalpfeifen um den Hals tragen. Die Diakonissen schauen zu, von Lauben aus, die andere Kinder geschäftig mit am Rain gesammeltem Sägegras flicken.

Wir schwimmen wieder, kehren zu unserm Gebüsch zurück und trinken Bier.

Sie legt sich zurück, schließt die Augen; seufzt. »Das ist tatsächlich etwas andres als Maschinenschreiben.« Ihr Arm fällt auf meinen; sie gibt mir einen zärtlichen Klaps und legt sich im Sand zurecht für einen Schlummer. Doch zwischen den Lidern glitzern die Augen, und ich beuge mich über sie und küsse sie. Sie lacht und küßt mich zurück, mit freundlicher Leidenschaft. Wir umarmen einander. Dann macht sie eine Bewegung, die sowohl ihre Zuneigung als auch die Grenze anzeigt. – Eine Stunde lang schwimmen wir, trinken Bier. Als sie einmal aufsteht, lasse ich mich auf die Knie und umarme die goldenen Schenkel.

»Darauf habe ich drei Wochen gewartet.«
»Nun ist es geschehen, und du kannst mich loslassen.«
Ich setze mich zurück, um sie anzuschauen. »Ich kriege dich nicht aus dem Kopf, seit du in dem gelben Kleid zur Tür hereinkamst.«
»Wir haben einiges Geld zusammen verdient, nicht wahr?«
»Du sagst es. Möchtest du etwas davon? Ich gebe dir fünftausend Dollar.«
»Ich will kein Geld.«
»Gehn wir am Strand entlang.«
»No sir. Wir werden hier bei den Leuten bleiben.«
»Ich werde dir noch etwas sagen. Es ist mir nicht recht, daß du für mich arbeitest.«
»Hör zu: es ist meine Arbeit.«
»Ich möchte nicht, daß du denkst, ich nütze dich aus.«
»Niemand nützt mich aus.«

Wir setzen uns auf und trinken unser Bier. Wir schwimmen und legen uns hin. Dann eine bemerkenswerte Entdeckung: ich liebe sie nicht so heftig wie letzte Nacht. Aber wenigstens keine Malaise; und so liegen wir in der Sonne, einer die Hand auf dem Rücken des andern, bis das Schiffssignal ertönt.

Doch die Liebe lebt wieder auf, als wir am frühen Abend die Küste entlang heimwärts fahren. Ich weiß jetzt: Freude und Traurigkeit wechseln einander ab. Schönheit und Mut machen traurig (Sharons Schönheit, meiner Tante Mut), und jeder Erfolg ist herzzerreißend. Aber wir leben weiter, bewegen uns weiter, fahren die Küste entlang in einem violetten Licht, an

»Howard Johnson's« vorbei, den Motels, dem Kinderkarneval. Wir biegen ab in eine Bai, zu einem Drink unter den Sternen: nicht auf der großen Suche nach dem dauernden Glück, sondern auf dem kleinen Weg mit dem traurigen kleinen Glück – mit Drinks und Küssen, einem ordentlichen kleinen Auto und einem abgründig warmen Körper.

»Meine Mutter hat einen Fischcamp am Bayou des Allemands. Wäre es dir dort recht?«

Sie nickt an meinem Hals. Sie ist zutraulich geworden und drückt mir hin und wieder die Hand gegen die Wange.

Gleich westlich von Pearl River führt eine gewundene Schotterstraße vom Highway südwärts durch das Sumpfland. Unversehens halten wir in der einsamen Savanne; der Verkehr ist hinter uns. Ein schräger dunkler Mond verbreitet ein schwaches Licht über die Grasebene. Ferne Erdbuckel wirken dunkel wie eine Flotte von Schiffen. Wir überqueren sie unbeholfen; dann sind wir im Sumpfgebiet und gehen den Uferpfad entlang. Sharon klammert sich an mich, als könnte sie mich sonst verlieren.

Unglaublich und kaum begreiflich: als wir um einen Erdhügel biegen, erscheint der Camp – beleuchtet wie die Titanic. Die Smith sind zu Hause.

2

Meine Halbbrüder und -schwestern sind an einem Sägebocktisch auf der umschirmten Veranda beim Krabbenessen. Die Schalen bilden eine Pyramide unter einer nackten Glühbirne.

Erst starren sie mich an, dann einander. Plötzlich muß ein Erwachsener her, der bezeugt, daß ich leibhaftig bin; alle, bis auf einen, halten sie hilflos Ausschau nach ihrer Mutter. Thérèse rennt zum Kücheneingang.

»Mutter! Jack ist da!« Gespannt beobachtet sie das Gesicht ihrer Mutter und wird belohnt: »Himmel, Jack!«

»Jean-Paul hat etwas Lunge gegessen.« Mathilde, die direkt unter mir sitzt, blickt auf.

Mein Halbbruder Jean-Paul, meiner Mutter Letztgeborener, ein großes, fettes, gelbliches Baby, thront wie ein Buddha in seinem Babystuhl, beschmiert mit Krabbenpaste, eine scharlachrote Schere schwenkend. Die Zwillinge gaffen, hören aber dabei nicht zu essen auf.

Lonnie in seinem Rollstuhl ist überaufgeregt. Seine Hand krümmt sich. Ich küsse ihn als ersten, und unter seinem Lächeln verdreht sich der Kopf in einem langandauernden Krampf. Er ist vierzehn und klein für sein Alter, kleiner als Clare und Donice, die zehnjährigen Zwillinge. Aber seit dem letzten Sommer, da Duval, der Älteste, ertrank, ist er »der Große«. Sein dunkelrotes Haar ist fast immer naßgekämmt, und sein Gesicht, wenn es nicht vom Krampf gepackt wird, ist ebenmäßig und rein. Er ist mein Liebling. Wie ich ist er ein Kinogeher. Er schaut sich alles an. Doch gute Freunde sind wir, weil er weiß, daß ich ihn nicht bedauere. Einmal hat er die Gabe, zu glauben, daß er seine Leiden dem durchbohrten Herzen Jesu Christi darbringen kann, als Ausgleich für die Gleichgültigkeit der Menschen; und zweitens würde es mir gar nicht so arg viel ausmachen, mit ihm zu tauschen: sein Leben ist erfüllt von Heiterkeit.

Meine Mutter trocknet sich die Hände an einem Geschirrtuch.

»Schau schau«, sagt sie, ohne zu schauen.

Nach dem Trocknen der Hände reibt sie sich mit den drei gestreckten mittleren Fingern kräftig die Nase. Sie hat Heuschnupfen, und die Krabben machen alles noch schlimmer. Vertrauter Vorgang: das schnelle Geribbel und die kleinen Schniefgeräusche unter den Fingern.

Wir küssen einander, besser gesagt: drücken die Wangen gegeneinander, und Mutter hält dabei meinen Kopf zwischen den Handgelenken, als wären ihre Finger immer noch naß. Manchmal fühle ich etwas wie Sohnesliebe für sie und versuche sie speziell zu begrüßen, aber da meidet sie dann meinen Blick, hält mir die Wange hin und fordert mich auf, dies an Mathilde zu entdecken, das an Thérèse.

»Mutter, ich möchte, daß du Sharon Kincaid kennenlernst.«

»Herrje!« ruft Mutter, dreht sich weg und mischt sich unter die Kinder, nicht weil sie etwas gegen Sharon hat, sondern weil sie sich in der Rolle der Gastgeberin nicht wohl fühlt.

»Nur wir Kinder sind hier«, sagt sie.

Sharon ist guter Dinge, die Augen gerundet; ihr Lachen scheint mich auszulachen. Sie gebärdet sich gleich ganz natürlich mit den Kindern. Linda war nervös, trat von einem Bein aufs andre und schaute über die Köpfe hinweg, das Gesicht schwer geworden wie ein Pudding. Marcia tat zuviel, hockte sich zu ihnen und umklammerte die Knie, wie Joan Fontaine bei einer Waisenhaus-Visite.

Mutter fragt nicht, warum ich da bin. Sie läßt sich nicht anmerken, daß mein Erscheinen etwas Besonderes ist – seit sechs Monaten habe ich sie nicht mehr besucht. »Tessie, erzähl Jack von eurem Klassenausflug mit dem Bus« – und schon entwischt sie in die Küche. Bald wird ihre Häuslichkeit mich bedrücken. Instinktiv meidet sie alles, was außergewöhnlich oder »stimulierend« ist. Jedem Ereignis und jeder Idee, die nicht zum Haushaltsbereich gehören, verpaßt sie sogleich ihr höchsteigenes Familiaritätssiegel. Als ich in meiner Collegezeit Feuer fing für Jacksons Valley Campaign und für Freuds *Traumdeutung*, war es gegen ihre Art, mich davon abzubringen. Sie billigte das vielmehr als einen anzustaunenden »Rover boy«-Spleen: »Das? Oh, das sind Jacks Bücher. Die Stapel von Büchern, die der Junge zu Hause anschleppt! Weißt du alles, was da drinsteht, Jack?«

»No'm.« Nichtsdestoweniger war ich für sie Dick Rover, der wißbegierige »Rover boy«.

Es ist wohltuend, die Smith an ihrem Fischcamp zu treffen. Nicht aber zu Hause in Biloxi. Fünf Minuten in diesem engen Haus, und Ödnis bis ins Mark. Die Benzinbehälter drücken gegen die Augäpfel, der Geruch von zweitausend Sonntagsessen hängt an den Vorhängen, Stimmen hallen im kahlen Treppenhaus, ein trübes Herz Jesu über dem zersprungenen Emailsims zeigt unablässig auf sich selber. Alles ist weiß und zersprungen. Die Fußböden sind pulvrig abgetreten und kitzeln die Nase wie in Schulzimmern. Doch hier am Bayou des Allemands ist der Unterschied offenbar.

Wasser plätschert an die Pfähle. An den gesplitterten Bohlen haften geheime Erinnerungen an den Winter, an die langen, träumerischen Tage und Nächte, da niemand herkam, der Fisch aus dem schwarzen Wasser sprang und die ganze Savanne menschenleer war; Geheimnisse, welche die Kinder zum Erkunden reizen – und so sind sie gleich nach dem Essen wieder bei ihren Unternehmungen, stürmen wie eine Gang von einer Ecke in die andre. Donice zeigt mir eine Bisamrattenfalle, die er im letzten August dagelassen und wundersam wiedergefunden hat. Sie sind erst am Morgen hier angekommen, erklärt Mutter, es war solch ein schöner Tag, und weil am Montag schulfrei ist, werden die Kinder bei günstigem Wetter den Mardi Gras über bleiben. Wenn Roy nicht da ist, gehört Mutter zur Gang. Sie arbeitet katzenbehende zehn Minuten in der Küche und schließt sich dann den Kindern an, hier und da in die leichten, fragilen Spiele eingreifend, mit einem zärtlich-teilnehmenden Blick.

Thérèse erzählt von ihrem Vorhaben, ihrem Kongreßabgeordneten zur Fluß-und-Hafen-Verordnung zu schreiben. Thérèse und Mathilde ähneln Joan und Jane im Staatsbürgerkunde-Buch.

»Ist Tessie nicht seltsam?« ruft meine Mutter und verschwindet in der Küche. Sie meint: Tessie ist klug, aber ihre Frühreife ist auch komisch.

»Wo ist Roy? Wir haben keinen Wagen gesehen. Fast wären wir umgedreht.«

»Beim Pokern«, rufen alle. Das scheint lustig: jeder lacht. Lonnies Hand krümmt sich. Unsere Ankunft war vielleicht verwirrend, aber jetzt ist die Familie wieder in Schwung.

»Hast du noch Krabben übrig, Mutter?«

»Krabben übrig! Wir haben uns gerade gefragt, was wir mit dem Rest tun sollten. Ihr habt noch nichts gegessen?«

»No'm.«

Mutter faltet die dicke Lage von Zeitungen unter den Krabbenschalen zu einem ordentlichen Bündel zusammen. Weg mit dem Zeug, und der Tisch steht trocken und sauber. Thérèse breitet frisches Papier aus, und Mathilde bringt zwei Flaschen gekühlten Biers sowie zwei leere Flaschen zum Zerhämmern der Scheren, und schon haben wir jeder ein Brett vor uns, mit zwei kleinen Armeen scharlachroter Krabben, sauber aufgereiht. Sharon blickt sonderbar, macht sich aber trotzdem darüber her, und bald haben die andern ihren Spaß mit ihr. Mathilde bringt ihr bei, wie man das Hinterleibsschild spaltet und das Ende der großen Schere so aufbricht, daß das schneeige Fleisch in einem Stück herausspringt. Sharon genießt es, verwundert zu sein, und gleich müssen ihr die Zwillinge auch zeigen, wie man die Scheren aussaugt.

Die Nacht draußen ist besonders dichtschwarz, wie nur über Wasser. Käfer fliegen gegen das enge neue Gitter und prallen mit einem Gitarrenton zurück. Die Kinder halten sich nah beieinander, im Gefühl der geheimnisvollen Sumpflandschaft und der besonderen Intimität unseres Lichtbereichs. Clairain drückt mit dem Magen gegen meine Stuhllehne. Lonnie versucht, seinen Transistor einzustellen; er hält ihn in der Handgelenkskrümmung und fingert daran mit zurückgebogenen Händen. Einmal klafft ihm unter gräßlichem Geschiele der Mund auseinander. Das beschäftigt Sharon. Lonnie scheint ihr in Gefahr; eine Krise steht bevor. Als niemand auf ihn achtet, wird sie unruhig – warum hilft ihm nur keiner? –, und jetzt, nach einer Ewigkeit, beugt Mathilde sich beiläufig hinüber und stellt eine Station ein, laut und klar. Lonnie dreht ruckweise den Kopf nach ihr, aber nicht weit genug.

Jetzt fällt mir auf: er ist zum Ausgehen gerichtet. Tante Ethel, Roys Schwester, sollte mit ihm und den Mädchen ins Kino. Mutter erinnert ihn, daß es nicht formell abgemacht war, aber Lonnie wirkt enttäuscht.

»Welcher Film?« frage ich.

»*Fort Dobbs.*« Er spricht im Singsang, ist aber leicht zu verstehen.

»Wo?«

»Im ›Moonlite‹.«

»Dann los.«

Lonnies Kopf schwankt und fällt totengleich zurück.

»Es ist mein Ernst. Ich möchte ihn auch sehen.«

In der Küche gelingt mir noch ein kurzes Gespräch mit meiner Mutter.

»Was fehlt Lonnie?«

»Nichts. Warum?«

»Er sieht schlecht aus.«

»Dieses Kind will seine Milch nicht trinken!« schreit sie.

»Hatte er wieder Lungenentzündung?«

»Er hatte den Fünf-Tage-Virus. Und das war arg. Hast du je

von einem gehört, der mit diesem Virus die Letzte Ölung empfangen hat?«

»Warum hast du mich nicht gerufen?«

»Er war nicht in Gefahr. Die Ölung war seine Idee. Er meinte, sie würde ihn geistig und körperlich stärken.«

»Aber jetzt geht es ihm wieder gut?«

Sie zuckt die Achseln. Meine Mutter spricht nur leichthin von solchen Dingen, zeigt weder Zuversicht noch Verzagtheit, eher eine allgemeine Empfänglichkeit für Belehrung.

»Dr. Murtag meinte, er hätte noch nie so etwas erlebt. Lonnie ist binnen einer halben Stunde aus dem Bett gewesen.«

Manchmal, wenn meine Mutter von Gott spricht, denke ich, daß sie ihn bloß als eine in dem Schlamassel der Welt verfügbare Institution benutzt, praktikabel wie alles andere für ihr einziges Ziel: in Ruhe die Schocks des Lebens zu bewältigen. Ganz früh schon hat sie sich darauf eingelassen, alles zu verharmlosen, Gutes und Böses. Sie mißtraut dem Glück und ist gefeit gegen das Unglück, und zuzeiten glaube ich, dieses radikale Mißtrauen kurz an ihren Augäpfeln zu sehen: einen alten, wissenden Schimmer, schlau wie bei Eva selber. Der Verlust Duvals, der ihr Liebling war, hat sie bestärkt in ihrer Entscheidung für das Tagtägliche. Keine Herzenswünsche mehr, danke. Nach Duvals Tod wollte sie alles gemeinplatzhaft und leichthin, sogar Gott.

»Aber weißt du, was er im Augenblick vorhat? Er will strikt die Fastenzeit einhalten.« Schmale Augen, jetzt empört sie sich. »Wiegt vierzig Kilo, ist nur halb lebendig und möchte fasten.«

Fort Dobbs ist gut. Das »Moonlite Drive-In« ist für sich schon beachtlich. Es scheint nicht besonders gut zu gehen und paßt zu der stillen Kieferngegend im Küstenhinterland. Mücken schwirren im Projektionsstrahl, und die Leinwand schimmert in der schweren, süßen Luft. Im Film sind wir freilich in der Wüste. Unter dem schwarzen Himmel reitet Clint Walker, allein. Er ist ein Einzelgänger und Herumzieher. Lonnie ist sehr glücklich. Thérèse und Mathilde, die oben auf den Sitzlehnen mitgefahren sind, verziehen sich zu einer Bank unter dem Projektor und essen Zuckerwatte. Lonnie sitzt wie üblich auf der Motorhaube, an die Windschutzscheibe gelehnt, und schaut sich nach mir um, wenn eine Stelle kommt, von der er weiß, daß wir beide sie mögen. Auch Sharon ist glücklich. Sie denkt, es sei lieb von mir, Lonnie ins Kino mitzunehmen. Sie hält mich für selbstlos. Sie ist wahrhaftig wie die Mädchen in den Filmen, die erst Augen für einen kriegen, wenn man beweist, was für ein netter, uneigennütziger Bursche man ist, gut zu Kindern und Hunden. Sie hält meine Hand auf ihrem Knie und drückt sie von Zeit zu Zeit.

Clint Walker durchreitet die Badlands, einen Restberg hinauf, und hält. Er steigt ab, hockt sich hin, kaut an einem Stück Mesquite und untersucht das Terrain. Ein paar zerfallene Gebäude stehen dicht beieinander unten im Canyon. Wir wissen nichts von ihm, weder woher er kommt, noch wohin er geht.

Eine schöne Nacht mit dem glücklichen Lonnie: er blickt sich nach mir um mit einem starken Gefühl für das Geheimnis zwischen uns; nie und nimmer wird Sharon die Kleinigkeiten mitkriegen, die sich uns beiden offenbaren. (Als etwa Clint Walker mit der weichsten, gelassensten Virginia-Stimme zu dem Satteltramp spricht: »Mister, ich glaube nicht, daß ich das täte, wenn ich Sie wäre«, gerät Lonnie außer sich und weiß nicht, ob er Clint Walker anschauen soll oder mich.) – Geisterhaftes Kino, südliche Nacht, westliche Wüste und die schönsanfte Gestalt von Sharon.

Eine gute Unerhörtheit. Eine »Unerhörtheit« ist nach meiner Definition die Erfahrung des Neuen jenseits der Erwartung der Erfahrung des Neuen. Zum Beispiel wäre es nichts Unerhörtes, vielmehr eine ziemlich gewöhnliche Abwechslung, zum ersten Mal nach Taxco zu fahren – wohl aber, auf dem Weg dahin sich zu verirren und ein verstecktes Tal zu entdecken.

Die einzige vielleicht noch stärkere »Unerhörtheit«, an die ich mich erinnere, war vor dem Krieg: ein Film mit dem Titel *Dark Waters*. Ich sah ihn in Lafitte, unten am Bayou Barataria. Im Film bewohnen Thomas Mitchell und Merle Oberon ein verfallendes Haus in einem Louisianasumpf. Eines Abends fahren sie ins Dorf – um einen Film anzuschauen! Eine »Wiederholung« innerhalb einer »Unerhörtheit«! – Aber auch *Fort Dobbs* ist gut. Mein Herz singt, und zwischen mir, Lonnie und der edlen Frau schwingt das Glück, und jeder von uns ist weise genug, davon zu schweigen.

3

Um drei Uhr früh erwache ich plötzlich im Geruch der im Traum wiedergekehrten, wiederbevölkerten und wie Rauch wieder weggeblasenen Jahre. Ein junger Mensch bin ich noch, neunundzwanzig, aber von Träumen erfüllt wie ein Uralter.

Meine Mutter hat mir in der Ecke der Veranda eine Hängematte gerichtet. Ein schöner Platz: Wasser ringsum, und die Pfähle schwanken mit jeder kleinen Welle.

Aber dieser angestammte Ort, so schön er auch sein mag, ist verbraucht (Orte werden verbraucht durch »Unerhörtheiten« und wiederholte Benutzung), und ich erwache im Griff der Alltäglichkeit. Die Alltäglichkeit ist der Feind. Ende der Suche. Vielleicht war früher einmal die Alltäglichkeit nicht so übermächtig, und man konnte ihre Umklammerung mit Gewalt aufbrechen. Aber inzwischen wird sie durch gar nichts mehr gebrochen – es sei denn durch eine Katastrophe. Ein einziges Mal in meinem Leben kam ich frei davon: als ich verwundet in einem Graben lag.

Jählings, wie von einem Schlag getroffen, rolle ich zur Seite, falle zu Boden und liege zitternd auf den Planken, elender als die elendste Sumpfratte. Und trotzdem gelobe ich: Ich will verdammt sein, wenn ich mich von der Alltäglichkeit unterkriegen lasse.

(Die Alltäglichkeit ist heutzutage überall; ausgegangen von den großen Städten, hat sie die entlegensten Ecken und Winkel des Landes erfaßt, sogar die Sümpfe.)

Minutenlang liege ich stocksteif in der schwarzen Ausdünstung des Morasts.

Weder die Familie meiner Mutter noch die Familie meines Vaters verstehen meine Suche.

Die Familie meiner Mutter meint, ich hätte meinen Glauben verloren, und sie beten für mich, damit ich ihn wiederfinde. Ich weiß nicht, wovon sie reden. Andre Leute, so habe ich gelesen, sind als Kinder fromm und werden später skeptisch (oder, wie sie sich in »Woran ich glaube« ausdrücken: »Mit der Zeit wuchs ich aus den Glaubenssätzen der organisierten Religion heraus«). Nicht ich. Mein Unglaube war von Anfang an unerschütterlich. Ich konnte mir nie einen Gott vorstellen. Die Gottesbeweise sind, soviel ich weiß, alle richtig, aber das änderte nicht das geringste. Wäre Gott selber mir erschienen, so hätte das nichts geändert. Tatsache: ich brauche nur das Wort »Gott« zu hören, und in meinem Kopf wird es dunkel.

Die Familie meines Vaters meint, die Welt sei sinnvoll ohne Gott; nur ein Idiot wisse nicht, was das rechte Leben sei, und nur ein Schurke komme damit nicht zurecht.

Ich begreife weder diese noch jene. Alles was ich tun kann: im Todesgriff der Alltäglichkeit steif wie ein Stock unter der

Hängematte liegen und schwören, keinen Muskel zu rühren, bevor ich nicht ein Stück weitergekommen bin bei meiner Suche. Unter mir dünstet der Sumpf, und jenseits des Bayou schnarrt eine Nachtdommel wie ein Diesel. Endlich lockert sich der Eisengriff, und ich ziehe meine Hose vom Stuhl, fische das Notizbuch heraus und kritzle im Finstern:

FÜR MORGEN:
Ausgangspunkt der Suche:
Es hat keinen Sinn mehr, von Geschöpfen ausgehend Gott zu beweisen.
Doch es ist unmöglich, Gott wegzudenken.
Der einzige mögliche Ausgangspunkt: die seltsame Tatsache der eigenen heillosen Apathie – daß, auch wenn die Beweise funktionierten und Gott selber sich einstellte, nichts sich ändern würde. Die seltsamste Tatsache der Welt.
Abraham sah Zeichen von Gott und glaubte. Das einzige Zeichen *jetzt:* Alle Zeichen der Welt richten nichts aus. Ist das Gottes ironische Rache? Aber ich bin ihm auf den Schlichen.

4

Eine schlimme Wende: Etwas tut not. Etwas muß getan werden. Laß uns bitte etwas tun. Es ist eine Farbe, eine sehr blasse Farbe, die Auffrischung braucht. Oder ist es ein Schmerz. Aber nein, es ist ein Geräusch, und es ist in der Außenwelt, und man kann nichts dagegen tun.

»Cheppity cheppity chep chep. Chep.« Stille. Ein deftiger Fluch.

Kaum zehn Fuß entfernt versuchen zwei Männer, den Außenbordmotor eines hübschen blauen Boots zu starten. Das

Boot treibt in einen Miniaturpier und schlägt da an. Die Welt ist Milch: Himmel, Wasser, Savanne. Das ätherisch dünne Wasser dunstet; Nebelranken sammeln sich wie Rauch; über dem Sumpfland liegt eine weiße Schicht, gezogen wie mit dem Lineal.

»Warum stellst du dein Nadelventil nicht fester?«

»Warum leckst du mich nicht am Arsch?«

Die Stimmen tönen schrill und verbraucht in der fahlen weißen Welt. Einer von den beiden muß mein Stiefvater Roy Smith sein. Ja, es ist der Steuermann. Die grüne Hutkrempe bedeckt sein Gesicht, bis auf eine Lippe, die schwer ist vor Zorn. Ich erkenne ihn an den Armen: die Muskeln schwellend über dem Ellbogen, die Unterarme kleine Keulen. Schwarzglänzendes Haar sprießt zwischen den Gliedern der Armbanduhr. Er hält im Sitzen die rote Einfassung des Motors umklammert, der Bauch wölbt sich stark und schwer zwischen den Beinen.

Sich zurücklehnend, pendelt Roy aus und zieht mit einem kurzen, mächtigen Ruck am Anlasser. Ein kehliges Röhren, das alles ändert. Der Mitfahrer im Bug wird überrascht und kommt aus dem Gleichgewicht, als das Boot gegen den Pier trudelt. Doch dann findet es zum offenen Wasser, und die Fischer fassen sich schnell und nehmen die Plätze ein, aufgeheitert und zuversichtlich. Smith bietet den Anblick eines vergnügten, blühenden Mannes, schwer, aber noch jugendlich. Das Wasser des Bayou siedet wie Tee und stößt Rauchblasen aus. Das Boot verschwindet in einen weißen Mittelgrund, und plötzlich wird der Lärm gedämpft, als sei es auf Baumwolle gestoßen.

Eine krumme Eiche tritt aus dem Weiß wie ein Baum auf einem chinesischen Druck. Nach einer Zeit segelt ein Reiher mit hellen, starren Flügeln hernieder; ein Auge späht auf das Wasser. Hinter mir öffnet sich sacht die Maschentür, und meine Mutter tritt mit einer Angelrute auf den Pier hinaus. Sie lehnt die Angel ans Geländer, stellt ein Wachspapierbündel ab, kratzt sich unter den Achseln und schaut gähnend umher. Ihr Gähnseufzen ist so fahl und weiß wie der Morgen. Sie trägt eins von Roys Armyhemden, gar nicht sehr zu weit für den großen Busen; dazu blaue Stoffschuhe und latzlose, hoch über die breiten Hüften gezogene Drillichhosen. Mit der Baseballmütze auf dem drahtigen Haar erinnert sie an die angelnden Frauen auf den Highwaybrücken.

Sie entfaltet das Bündel und bricht mit einem Pfadfindermesser die gefrorene Garnele los. Sie hackt zierliche rosa Stücke und reiht sie mit der Klinge am Geländer auf (dann und wann hält sie inne, um sich die Nase zu reiben und sich zu räuspern – vertrautes Geräusch). Um sicher zu sein, daß sie genug Freiraum hat, geht sie ans Ende des Piers, streckt maßnehmend den Arm zurück und wirft weitausholend, mit einem wirbelnden Schwung, die Angel aus – plumpe, aber bewährte Bewegung, an deren Ende das Handgelenk einknickt, wie eben nur bei Frauen. Die Spule singt, und das Blei segelt mit der rotierenden Garnele weit hinaus und landet fast ohne ein Platschen in dem hellen, ätherischen Wasser. Mutter hält kurz inne, lauscht, als wolle sie erfahren, wie die Fische nun reagieren, und spult gemächlich wieder auf, von Zeit zu Zeit an der Angel ruckend.

Ich ziehe mir die Hose über und gehe barfuß auf den Pier hinaus. Die Sonne bescheint nun die Savanne, doch die Welt ist immer noch kühl und milchig. Nur die silbrigen Bohlen unter den Füßen haben Relief und fühlen sich warm an.

»Früh für dich.« Ihre Stimme klingt über das Wasser.

Meine Mutter ist umgänglich und lieb mit mir. Jetzt können wir reden, am frühen Morgen, weit weg im großen weißen Sumpfland.

»Frühstück?«

»Nein, ich bin nicht hungrig.« Unsere Stimmen tönen rundum im leeren morgendlichen Raum.

Immer noch will sie ablenken: Ich fische gerade ein bißchen, und es ist ein Tag wie jeder andre, sagt sie gleichsam. Laß uns doch nichts Besonderes daraus machen. Sie scheut zurück vor der Intimität. Ich staune über ihren Instinkt für das Tagtägliche. Aber vielleicht weiß sie, warum.

»Hätte ich nur gewußt, daß du so früh aufstehst«, sagt sie unwillig. »Du hättest mit Roy und Kinsey zu den Rigolets hinüber können. Die Rotfische schwärmen gerade.«

»Ich habe sie wegfahren sehen.«

»Warum bist du nicht mit?«

»Du weißt, daß ich nicht gern fische.«

»Ich habe doch noch eine Angel!«

»Laß gut sein.«

»Stimmt«, sagt sie nach einer Weile. »Du hast dir nie etwas daraus gemacht. Wie dein Vater.« Sie blickt mich schnell an (unüblich bei ihr). »Gestern abend habe ich bemerkt, wie sehr du ihm nachschlägst.« Wieder wirft sie die Angel aus, hält wieder still.

»Hat er nicht gern gefischt?«

»Nein. Aber er glaubte, ja.«

Ich strecke mich der Länge nach aus, den Kopf gegen einen Balken gestützt. In die aufgehende Sonne schielend sehe ich meine Mutter in einem Regenbogenflitter. Eine Krabbenspinne hat ihr Gewebe über einen Arm des Bayou geknüpft, und die Fäden scheinen im Sonnenlicht zu rotieren.

»Aber in Wirklichkeit mochte er es nicht?«

Sie müht einen Laut hervor, um ihre Unaufmerksamkeit zu zeigen. Immer wieder klemmt sie die Angel zwischen Bauch und Geländer und schneuzt sich.

»Warum mochte er es nicht?«

»Weil er es nicht mochte. Er pflegte zwar das Gegenteil zu behaupten – und einmal traf das auch zu! Eines Tages fuhren wir hinunter zum Little Bayou Sara. Er war krank gewesen, und Dr. Wills hatte ihm verordnet, morgens zu arbeiten und nachmittags fischen zu gehen, oder sich ein andres interessantes Hobby zu suchen. In meiner Erinnerung ist es ein wunderschöner Tag. Unter einer umgestürzten Weide stießen wir auf ein Loch – wenn ich je einen guten Platz für ›Sac au lait‹ gesehen habe, dann da. So sagte ich: Los, wirf die Angel aus. Durch den *Baum*? sagte er. Er hielt das für Humbug. Du siehst, wie wenig er von einem Fischer hatte; Dr. Wills und Judge Anse waren große Jäger und Fischer, und auch er gab Leidenschaft vor. So sagte ich: Los, genau hinunter durchs Blattwerk – so fängst du ›sac au lait‹. Und ich will John Brown sein, wenn er nicht den fettesten und schönsten ›sac au lait‹ herauszog, den die Welt je gesehen hat. Er traute seinen Augen nicht. Oh, er wurde richtig davon gepackt. Ist das nicht ein idealer Ort, pflegte er wieder und wieder zu sagen, und: Sieh dir den und den Baum da drüben an, schau, wie die Sonnenstrahlen auf dem Wasser spielen – wir müssen morgen wieder herkommen, übermorgen, den ganzen Sommer – was brauchen wir mehr.« Meine Mutter ruckt konvulsivisch an der Angel, spult sie schnell auf und blickt stirnrunzelnd auf die verstümmelte Garnele. »Dieses Biest! Dieser alte Brocken da unten auf dem Grund.«

»Ist er am nächsten Tag wieder hingegangen?«

»Natürlich nicht«, sagt sie und schneidet, den Wortsilben entsprechend, Garnelenwürfel zurecht. Wieder streckt sie den Arm zurück. Die Garnele wirbelt, und Mutter hält still. »Weißt du, was er sagte, als ich am folgenden Morgen ›sac au lait‹ erwähnte? ›O nein. Hör auf damit.‹ Und schon machte er seinen berühmten Fußmarsch auf dem Uferdamm, fünf, zehn, fünfzehn Meilen. An einem Weihnachtsmorgen bin ich mit ihm gegangen. Meile um Meile, eine wie die andre. Vor uns der öde braune Damm, links der braune Strom, rechts die braunen Felder. Als er mir ungefähr eine halbe Meile voraus war, sagte ich, genug jetzt. Warum hetze ich mir hier draußen die Seele aus dem Leib, wo wir dann doch nur umdrehen und zurückhetzen werden? So sagte ich, good bye, Mister, ich gehe nach Hause – du kannst ja bis Natchez marschieren, wenn es dir beliebt.« – So wird meiner Mutter das Leben – Vergangenheit und Gegenwart – faßbar: als komische Übertreibung. Nach vier Jahren Buchenwald würde sie sich folgend daran erinnern: »So sagte ich zu ihm: Mister, wenn Sie glauben, daß ich dieses Zeug essen werde, dann müssen Sie sich etwas anderes einfallen lassen.«

Die Bohlen des Piers, von der Sonne erwärmt, fangen an, einen harzigen Geruch auszuströmen. Der letzte Streifen Bodennebel wird weggebrannt, und das Wasser erscheint schwarz wie Tee. Armseliger Baum, einsam und trauernd. Der Reiher kurvt über dem Bayou, spitz und zersaust wie ein Bussard.

»War er ein guter Ehemann?« Manchmal versuche ich, nicht sehr ernsthaft, sie von ihrem Lebenslauf aus bewußten Gemeinplätzen abzubringen. Aber der Kreisel kommt nicht aus der Bahn.

»Gut? Ich werde dir etwas sagen – er war ein guter Marschierer!«

»War er ein guter Doktor?«

»Das war er! Und seine Hände! Wenn je ein Mensch Chirurgenhände hatte, dann er.«

Meiner Mutter Erinnerung an Vater ist anekdotisch und einschichtig. Nicht an ihn erinnert sie sich, sondern an ein Emblem. Aber jetzt fällt ihr etwas ein. »Er war schlau, aber er wußte nicht alles! Ich habe ihm ein oder zwei Dinge beigebracht, und ich kann dir sagen, daß er mir dafür dankbar war.«

»Was war das?«

»Er hatte dreißig Pfund Gewicht verloren. Er war nicht krank – er brachte nur nichts hinunter. Dr. Wills meinte, es seien Amöben (in jenem Jahr führte er alles auf Amöben zurück; in einem andern Jahr war es Endometritis, und als ich mit dir schwanger war, nahm er im Feliciana Parish fast jeden Uterus heraus). Wenn ihm Mercer die Eier und die Hafergrütze an den Frühstückstisch brachte, pflegte er das ganze nur leichenblaß anzustarren. Alles, was ich tun konnte, war: auch nichts essen, weder mein Frühstück, noch seins. Er nahm einen Löffel Hafergrütze in den Mund, kaute und kaute, konnte aber nicht schlucken. Eines Tages kam mir eine Idee. Ich sagte: Hör, du hast doch die ganze Nacht gesessen und ein Buch gelesen, nicht wahr? So ist es, sagte er, und? Es hat dir doch gefallen, oder? Stimmt. So sagte ich: Gut, dann werden wir es gemeinsam lesen. – Am nächsten Morgen gab ich Mercer frei. Ich frühstückte, machte dann Vater das Frühstück und brachte es ihm gleich ans Bett. Das Buch hieß *Der Greene-Mordfall*. Die ganze Familie las es. Ich fing an vorzulesen, und er fing an zuzuhören, und während ich las, fütterte ich ihn. Ich führte ihm die Nahrung ein, und er schluckte sie. Ich fütterte ihn sechs Monate lang, und er nahm fünfundzwanzig Pfund zu. Und fing wieder zu arbeiten an. Sogar als er dann wieder unten von selber aß, mußte ich ihm vorlesen. Wenn ich aufhörte, kam sofort ein ›Los weiter!‹«

Ich setze mich auf und beschatte die Augen, um sie zu sehen. Sie lehnt am Geländer und blickt hinab in den teefarbenen Bayou. »Es war, als denke er, Essen sei nicht – *wichtig* genug. Weißt du, bei deinem Vater sollte jeder Augenblick –«

»Was, Mutter?«

Sie zuckt rhetorisch mit den Achseln. »Ich weiß nicht. Etwas.«

»Was war mit ihm?«

»Er war überreizt«, antwortet sie unversehens, in ihrem üblichen Tonfall, und mein Vater entschwindet wieder ins Emblem. Ich höre das Echo meines Großvaters, meiner Großmutter und Tante Emilys; Echos der Verandengespräche an den langen Sommerabenden, wenn die Tagesgeschäfte erledigt waren, die Geheimnisse gelöst, das Ungenannte benannt. Mutter hat sich an die Verandengespräche und deren besondere Spielregeln nie gewöhnt. Wenn einer von uns mit dem dunklen, epischen Gerede anfing, pflegte sie im Finstern angestrengt im Gesicht des Sprechers zu forschen, um herauszufinden, ob er so dunkel verstanden werden wollte, wie er da tönte. Ich als ein Bolling aus dem Feliciana Parish fand es mit der Zeit selbstverständlich, nachts auf der Veranda zu sitzen und von der Größe des Universums und der Tücke des Menschengeschlechts zu palavern – und genauso selbstverständlich wurde es mir, dann als ein Smith von der Golfküste daselbst Krabben zu speisen und Bier zu trinken unter einer 150-Watt-Glühbirne: eins wie das andre ist eine angenehme Art, die Sommernächte zu verbringen.

Meine Mutter säubert den Haken, nimmt einen rosa Würfel, spießt ihn auf und schießt das Lotblei ab wie eine Kugel. »Jetzt, Mister –!«, so wendet sie sich an den unbekannten Fisch, und als der nicht reagiert, wird sie träumerisch. »Merkwürdig: Du gleichst so sehr deinem Vater und bist doch so verschieden. Weißt du, daß du etwas von meinem Papa hast? Du bist umgänglich, ißt gern und bist hinter den Frauen her. Nicht du – Mathilde hat die Schwermut deines Vaters geerbt.« Ich schiele durch die Regenbogen zu ihr hin. »Als er dann wieder krank wurde, konnte ich ihm nicht helfen. Er sagte, meine Behandlung sei wie Pferdeserum: nur einmal brauchbar.«

»Und wie ging es weiter?«

»Der Krieg brach aus.«

»Und das hat geholfen?«

»Er half sich selber. Er lag schon einen Monat im Bett, oben in deinem Zimmer – du warst am College. Er wollte nicht in die

Klinik, nicht essen, nicht fischen, nicht lesen. Er lag nur da und schaute zur Decke. Ganz selten ging er nachts zu dem Chinesen hinunter und aß ein Poor-boy-Sandwich. Nur so konnte er überhaupt etwas essen: um Mitternacht beim Chinesen. An jenem Morgen ließ ich ihn wie üblich oben allein. Ich schickte Mercer hinauf mit der Zeitung. Zehn Minuten später kommt er die Treppe herunter, vollständig angezogen. Er setzt sich an den Eßzimmertisch, bestellt das Frühstück und ißt Mengen, die ein Pferd umgebracht hätten – immerfort zeitunglesend, sich des Essens überhaupt nicht bewußt. Ich frage ihn, was los ist. Was ist los! Deutschland ist in Polen eingefallen, und England und Frankreich haben den Krieg erklärt! In einer halben Stunde hatte er das Frühstück vertilgt, einen Koffer gepackt, und ab nach New Orleans zum kanadischen Konsulat.«

»Was hat ihn denn so aufgeregt?«

»Er wußte, was kommen würde. Er verkündete es während des ganzen Essens: Es ist passiert – früher oder später werden wir dabeisein. Wir sollten nicht darauf warten. – Sie waren alle so stolz auf ihn. Und als er in jenem Frühling nach Hause kam, mit seiner blauen Uniform und den goldenen Litzen eines Luftwaffenarztes, da war er der bestaussehende Mann, den ich je im Leben gesehen habe. Und so – reizend! Wir sind wunderbar miteinander ausgekommen.«

Gewiß war er reizend. Es war ihm gelungen, ihnen zu gefallen und sich selber – indem er wegging, tat, was er tun wollte (und dabei das alte England rettete), und vielleicht sogar den größten Coup landete: zu sterben. (Doch nicht einmal er ließ sich wohl träumen, daß er nicht bloß so sterben, sondern sterben würde bei Kreta, im weinfarbenen Meer.)

»Ich werde dir etwas Merkwürdiges erzählen, Mutter. Im Krieg bin ich einmal in eine ähnliche Erstarrung geraten wie Vater im Frieden hier. Das war während unseres Rückzugs vom

Chongchon River. An einer Wegkreuzung sollte ich eine Rangerkompanie treffen. Ich kam dahin, wartete eine Zeitlang und schlief dann in der Kälte ein. Als ich aufwachte, war es Tag. Lange konnte ich mich an gar nichts erinnern. Ich wußte nur: etwas Schreckliches war passiert. Das Merkwürdige aber war, daß ich nichts dergleichen tat. Nichts schien zu zählen, ausgenommen etwas, an das ich mich nicht einmal erinnern konnte. Wäre jemand gekommen und hätte gesagt: Wenn du deine Gedankenverlorenheit für vierzig Minuten vergißt und etwas unternimmst, wirst du das Heilmittel für Krebs finden und die größte aller Symphonien komponieren – so hätte mich das nicht im geringsten gekümmert. Und weißt du, warum? Weil es nicht gut genug für mich war.«

»Das ist selbstsüchtig.«

»Ich weiß.«

»Nie werden wir wissen, durch was ihr durchgegangen seid«, sagt Mutter. Aber es beschäftigt sie in Wahrheit nicht sehr. Sie knetet einen rosa Würfel, damit der Fisch ihn erschnuppern kann. »Weißt du was, Jack?« Ihre Augen gehen über von einer Zärtlichkeit, die sorgfältig abgegrenzt ist gegen Persönliches und Tiefgefühltes. »Es ist seltsam, daß du davon redest. Ob du's glaubst oder nicht: Roy und ich haben uns neulich unterhalten, und Roy, nicht ich, sagte, du wärst großartig in so etwas.«

»In was?«

»Krebsforschung.«

Kaum ein Fisch beißt an. Der Reiher schwingt sich empor und rudert so nah vorbei, daß ich das Knorpelknirschen in seinen Flügeln höre.

5

Nach dem Frühstück Aufregung wegen der Messe. Die Smith (ausgenommen Lonnie) reden nie über Religion. Das Thema bringt sie in Verlegenheit: Geräusper und kurzes Gemurmel, bis das Thema gewechselt ist. Aber ich habe sie schon fünfundvierzig Minuten lang über die Dramaturgie des Kirchgangs debattieren hören, so feurig, als sei das Ausspielen der Neun-Uhr-Messe in Biloxi gegen die Zehn-Uhr-dreißig-Messe in Bay St. Louis tatsächlich eine Religionsdiskussion.

Roy Smith ist gerade von den Rigolets zurückgekommen, und ich schlage ihm vor, daß Sharon und ich dableiben und uns um Jean-Paul kümmern. »O nein«, sagt meine Mutter. »Jean-Paul kommt mit. Wir gehen alle, auch Sharon, nicht wahr?« Sharon lacht und sagt ja. Sie haben das schon abgesprochen.

Die Kirche ist ein altes Gebäude hinter Biloxi und gleicht einer Post. Sie wirkt amtlich. Die Stufen ausgetreten; Messinggeländer und Türschild vom Gebrauch goldhell. Wir sind früh genug, so daß Lonnie an einen Extraplatz neben einer Säule gefahren werden kann. Als dann die Messe anfängt, sitzen wir gepackt wie Sardinen. Eine Frau kommt im Mittelgang daher und schaut zu unserer Bank herüber. Mich schaut sie besonders böse an. Ich rühre mich nicht von der Stelle. Es ist wie in der Subway. Roy Smith, der sich zu Hause gerade noch ein frisches Hemd übergezogen hat, gibt seinen Platz an ein kleines Mädchen ab und kniet mit mehreren andern Männern im Gang, auf einem Knie, wie auf Takelwerk, den Ellbogen auf das andre Knie gestützt, die Hände schräg gefaltet. Sein Gesicht ist dunkel vom Blutandrang; sein Atem geht schwer. Er ist vertieft in die Teilchen des Terrazzofußbodens.

Sharon fühlt sich wohl: sie zeigt jene sanfte katholische Verzauberung, die manchen protestantischen Mädchen eigen ist.

Die achtlose Religiosität der Smith hat sie gelöst. Was tun die hier? überlegt sie. Aufmerksam blickt sie mit ihren gelben Augen umher. Sie denkt: Wie seltsam sind sie alle, auch er – dieses Getue vor dem Weg hierher, und jetzt, da sie hier sind, scheint es vorbei zu sein, noch bevor überhaupt etwas angefangen hat. Der Priester hat ihnen den Rücken zugekehrt, und jedes ist in die eigene blankäugige Leere verfallen.

Als die Glocke zur Kommunion läutet, steht Roy schwerfällig auf und führt Lonnie zur Barriere vor. Lonnie ist nur noch an dem Wirbel roter Haare erkennbar. Als der Priester herankommt, stützt Roy mit einer Hand Lonnies Kopf, in einer finster sachdienlichen Weise, die Augen hell wie die eines Adlers.

6

Die Frauen sitzen nachher in der Küche, meine Mutter putzt Rotfisch, und Sharon am Fenster hat den Schoß voll grüner Bohnen. Draußen über dem Sumpf rattert ein Schwarm von Rotdrosseln wie Flaschenkürbisse und drückt das Schilf nieder, die Schwingen ausgebreitet, so daß darunter das Scharlachrot erscheint. Jean-Paul wälzt sich auf seinen fetten Hüften über den Fußboden; sein haifischähnliches Fleisch schabt an den unebenen Bohlen, er zwängt die Finger durch die Spalten, um an das plätschernde Wasser zu kommen; und mir auf der Veranda fügen sich da die zänkischen Rufe der Vögel und die Gespräche der Frauen, die ungezwungen wirken auch in den Schweigepausen (Sharon: »Ich habe wirklich nicht gewußt, daß Leute Krebse essen!« – Meine Mutter: »Wenn Roy heuer Bisque möchte, geht er sie besser kaufen – weißt du, wie lang es braucht, Bisque zuzubereiten?«) zu *einer* gleichmäßigen Vormittags-Stimme zusammen.

Roy fährt mit den Kindern Wasserschi. Das blaue Boot fährt den Bayou auf und ab, schneidet das schwarze Wasser wie ein Messer. Die am Ende des Piers gestapelte Ausrüstung, ein gelbes Nylonseil und ein purpurroter Rettungsgürtel, phosphoreszieren stark im Sonnenlicht.

Lonnie entdeckt mich und kommt herbei, stößt mit seinem Stuhl an meine Hängematte. An Sonntagen trägt er seinen Anzug und seinen hochkrempigen Filzhut. Er hat den Rock ausgezogen, aber die Krawatte ist noch eng geknotet und mit einer Kettenspange befestigt. Lonnie sieht in einem solchen Aufzug aus wie ein kleiner Redneck bei einer Hochzeit.

»Erneuerst du dein Abonnement?«
»Wieviel Punkte hast du schon?«
»Hundertvierzehn.«
»Genügt das nicht für den ersten Platz?«
»Ja, aber es heißt nicht, daß ich auch erster bleibe.«
»Wieviel?«
»Zwölf Dollar. Aber du mußt nicht.«

Von Chandeleur Island treiben die Wolken heran. Sie scheinen sich kaum zu bewegen, aber ihre Schatten stürmen über das Gras wie ein dunkler Wind. Lonnie hat Mühe, mich anzuschauen. Er versucht, den Blick auf mich einzustellen, doch das bringt seinen Kopf ins Schwanken. Ich setze mich auf.

Lonnie nimmt das Geld in die gekrümmten Finger und verstaut es in seiner Brieftasche, einem mächtigen Gebilde mit einem Album von Plastikumschlägen, in denen Heiligenbilder stecken.

»Was ist heuer der erste Preis?«
»Ein Zenith Trans-World.«
»Du hast doch schon ein Radio.«
»Nur ein Standard.« Lonnie schaut mich an. Das blauäugige Starren ist wie ein Sprechen, in Sätzen und Perioden. »Mit dem Zenith würde ich kein Fernsehen brauchen.«

»Überleg es dir. Fernsehen kann Spaß machen.«

Lonnie scheint es sich zu überlegen. Das Gespräch freut ihn: das zeigt ein Lächeln in der Mundecke. Die Mühe mit dem Reden gibt ihm den Vorteil eines gleichsam Landfremden: seine Worte wirken nicht abgedroschen. Sie sind wie eine durch eine Wand geklopfte verschlüsselte Nachricht. Manchmal fragt er mich geradeheraus: Liebst du mich?, und es ist möglich, zurückzumorsen: Ja, ich liebe dich.

»Übrigens glaube ich, du solltest nicht fasten«, sage ich.

»Warum nicht?«

»Du hattest im letzten Jahr zweimal eine Lungenentzündung. Es wäre nicht gut für dich. Ich zweifle, ob dein Beichtvater es dir erlauben würde. Frag ihn.«

»Er erlaubt es.«

»Und die Begründung?«

»Überwindung einer eingefleischten Veranlagung.« Lonnie gebraucht das Idiom des Katechismus auch beim üblichen Reden. Einmal, als er hörte, wie ich Linda Unsinn erzählte, sagte er dann, ich bräuchte mir kein Gewissen daraus zu machen: es sei keine böswillige Lüge, sondern eine »Scherzlüge« gewesen.

»Welche Veranlagung?«

»Veranlagung zum Neid.«

»Wen beneidest du?«

»Duval.«

»Duval ist tot.«

»Ja. Aber Neid ist nicht bloß Betrübnis über das Glück eines andern: es ist auch Freude am Unglück eines andern.«

»Das kümmert dich immer noch? Du hast doch gebeichtet und hast die Absolution gekriegt?«

»Ja.«

»Dann laß die Skrupel.«

»Ich habe keine Skrupel.«

»Was ist also das Problem?«
»Ich bin immer noch froh, daß er tot ist.«
»Warum solltest du nicht froh sein? Er sieht Gott von Angesicht zu Angesicht, und du nicht.«

Lonnie grinst mich im Bewußtsein unserer Komplizenschaft heiter an: Laß sie Wasserschi fahren, soviel sie wollen. Wir haben etwas Besseres. – Sein Ausdruck ist vielfältig: Er weiß, daß ich sein Spiel spiele, und er weiß, daß ich das weiß, aber es ist ihm recht.

»Jack, erinnerst du dich, wie Duval damals bei dem Treffen in Jackson erster in Geschichte wurde und tags darauf in der Football-Auswahl Verteidiger spielte?«

»Ja.«

»Ich hoffte, er würde verlieren.«

»Das tut Duval nicht weh.«

»Mir tut es weh. Du weißt doch, was die Todsünde dem Leben der Seele antut.«

»Ja. Und doch würde ich an deiner Stelle nicht fasten, sondern mich konzentrieren auf die Eucharistie. Das ist etwas Positives.«

»Stimmt.« Wieder verwickeln die blauen Augen mich in ein lebhaftes Gespräch, schauen her, schauen weg, schauen wieder her.

»Aber die Eucharistie ist ein Sakrament des Lebens.«

»Möchtest du denn nicht leben?«

»Sicher!« sagt er lachend. Gern würde er im Streitgespräch unterliegen; denn ich soll genausoviel Spaß daran haben wie er.

Es ist ein Wolkentag. Die Wolken kommen angesegelt, geschwellt wie Clipper. Cremiger Dunst ballt sich zu gewaltigen Bergketten und tiefen Tälern. Unter dem Pier schwimmt eine grüne Schlange. Ich sehe die Nähte zwischen den Plättchen ihres flachen Schädels. Sie gleitet ohne die kleinste Welle durch das Wasser, hält mysteriös an und stupst gegen einen Pfahl.

»Jack – machen wir einen Ausflug?«

Für Lonnie haben unsere gemeinsamen Sonntage ein Programm. Zuerst kommt ein Disput, in der Regel über einen religiösen Gegenstand; dann unternehmen wir einen »Ausflug«; und schließlich bittet er mich, ihn »fertigzumachen wie Akim«.

Der »Ausflug« ist eine rasante Fahrt über die Strandbohlen und dann mit voller Geschwindigkeit die Sumpfstraße hinab. Lonnie sitzt am Rand seines Stuhls und lehnt sich in den Wind, bis ihm die Augen tränen. Als die Staubschwaden über die Savanne streichen, verstummen die Geschöpfe des Sumpfes für einen Moment; danach setzt lautes Gekrächz und Gepumpe ein.

Zurück auf der Veranda, bittet er mich, ihn »fertigzumachen wie Akim«. Ich falle über ihn her, wie er da in seinem Stuhl kauert. Es muß richtig »gewalttätig« sein, sonst wäre er nicht zufrieden. In meinem letzten Jahr auf dem College habe ich die Ticks von Akim Tamiroff angenommen – in der Tat das einzig Nützliche, das ich während der ganzen vier Jahre gelernt habe.

»Heraus mit den Plänen.«

»Bitte nicht.« Angstvoll-freudvoll weicht Lonnie zurück. Seine Hand krümmt sich.

Meine Mutter steckt den Kopf aus der Küche.

»Sind die beiden nicht seltsam?« Sie dreht sich um zu Sharon. »Ich sage dir: auch Lonnie und Jack sind *seltsam*.«

7

Auf der Heimfahrt wird der MG von Malaise befallen. Das kommt nicht unerwartet; Sonntagnachmittage sind *die* Zeit der Malaise. In Tausenden von Autos, aufgereiht entlang der Golfküste, sitzen ganze Familien mit dem gleichen leeren

Kopfschmerzblick. Schaler Abgasgeruch erfüllt die Luft, und ein böser Glanz liegt auf dem Wasser. Ein schöner Boulevard, zehntausend hübsche Wägen, fünfzigtausend wohlgenährte und gutherzige Menschen, und die Malaise lastet auf uns wie radioaktiver Niederschlag.

Trübsinnig, hoffend wider alle Hoffnung, lege ich die Hand auf Sharons Schenkel.

Die Hand wird weggeschlagen, mit einem ganz neuen Nachdruck.

»Verdirb's dir nicht mit mir, son.«

»Gut, einverstanden«, sage ich düster. Ehrlich gesagt: Es ist mir egal, ob ich es mir mit ihr verderbe oder nicht.

»So ist es recht. Jetzt komm her.«

»Ich bin doch da.«

Sie verabreicht mir einen Kuß. »Ich kenne deinen Dreh. Macht nichts. Bist ein amüsanter Kerl.« Sie hat also mit meiner Mutter gesprochen. »Kümmere dich um dein Geschäft und bring mich nach Hause.«

»Warum?«

»Ich bin mit jemandem verabredet.«

VIER

I

Sam Yerger erwartet mich auf dem Gehsteig, überlebensgroß. Seine Beine sind tatsächlich so dick und rund wie die eines Elefanten; Zylinder aus schwerfälligem Leinen, und darunter das ausgebuchtete Schuhwerk. Ich erschrecke bei seinem Anblick: er hat das eilige, beschwichtigende Gehabe eines Boten mit schlechten Nachrichten. Jemand ist gestorben.

Kein Zweifel: er wartet auf mich. Beim Anblick des MG vollführt er ein Geheimzeichen und nähert sich rasch dem Bordstein.

»Wir treffen uns im Basement«, wispert er, dreht sich um und steigt schon die Holzstapfen hinauf, wobei seine Schritte hallen wie Pistolenschüsse.

Sam sieht sehr gut aus. Obwohl knittrig und rotäugig, ist er, wie immer, aus einem Stück, von Bärenhaupt und -schultern und weichem Kragen, der wie eine Krause in den Haarschopf hinten am Nacken aufsteht, bis zu den Elefantenbeinen und dem schwarzen Schuhwerk hinab. Es wäre schön, rotäugig und zerknittert zu sein, wenn einem das so gelänge wie Sam. Seine Haare beschreiben zwei Wellen auf der Stirn, im Nelson-Eddy-Stil seiner Generation.

Sam Yergers Mutter, Tante Mady, war verheiratet mit Judge Anses Kanzleipartner, dem alten Ben Yerger. Nach den College-Jahren im Osten verließ Sam den Feliciana Parish und schrieb für das frühere New Orleans-»Item«. In den dreißiger Jahren verfaßte er ein humoristisches Buch über die französischsprachigen Schwarzen mit dem Titel *Yambilaya Ya-Ya*, aus dem ein Stück und später ein Film wurde. Während des Krieges war

Sam Chef des Pariser Büros einer Radiostation. Ein CBS-Nachrichtenanalytiker nannte ihn einen »fähigen und wohlinformierten Reporter«. Eine Zeitlang war er mit Joel Craig verheiratet, einer New Orleans-Schönheit. Sie lebten zuerst im French Quarter und dann im mexikanischen Bundesstaat Chiapas, wo ich sie 1954 besuchte. Dort schrieb er einen Roman mit dem Titel *The Honored and the Dishonored*, der laut Schutzumschlag vom Problem des Bösen und der Einsamkeit des Menschen handelte. Auf der Suche nach ein paar Ruinen brach sich Sam in einer abgelegenen Gegend ein Bein und war fast tot, als Indianer die beiden fanden. Er und Joel mochten einander sehr. Joel pflegte mich »Leftenant« zu nennen. »Leftenant, endlich hat es mir gedämmert, was mich an Ihnen so anzieht.« »Was?« fragte ich unbehaglich. »Sie haben Dignität, Leftenant.« Das hätte sie nicht sagen sollen, denn nachher konnte ich nichts mehr sagen oder tun ohne das Bewußtsein meiner Würde. Als ich sie in Mexiko besuchte, sprach jeder geschwollen vom andern und in des andern Gegenwart, was leicht peinlich war. »Weißt du, was er gesagt hat, nach sechsunddreißig Stunden am Fuß des Felsens, mit einem Oberschenkelknochen, der zwei Inches hervorstand?« erzählte Joel. »Er sagte: Queenie, ich glaube, daß ich daran bin, abzutreten, und bevor ich das tue, möchte ich dir einen Rat geben – Gott, ich glaubte, er sei am Sterben und wollte mir sagen, was mit seinen Büchern geschehen solle –, und er sagte ziemlich feierlich: Queenie, halt dich stets an Bach und die frühen Italiener – und weg sackte er, kalt wie eine Makrele.« Und Sam sagte von Joel: »Sie ist eine feine Frau. Halte stets dein Weib hoch, Binx.« Nachdem er Mexiko verlassen hatte – von Heimweh überwältigt, der typischen Stimmung für »Wiederholung« –, kehrte Sam nach Feliciana zurück, wo er ein Buch des Rückblicks mit dem Titel *Happy Land* schrieb, das in den Besprechungen als eine gute Mischung aus einer gemäßigten Haltung zur Rassenfrage und einer konservativen Zuneigung zu den Werten des ländlichen Südens empfohlen wurde. Ein früheres Buch, *Curse upon the Land*, das der Schutzumschlag ein »leidenschaftliches Plädoyer für Toleranz und gegenseitiges Verständnis« nannte, war in Feliciana nicht sehr gut aufgenommen worden. Dann und wann taucht Sam auf einer Vorlesungstour in New Orleans auf, besucht meine Tante und zieht mit Kate und mir herum.

Jetzt kommt er zwischen Kates neuen Fensterläden herbeigepoltert und geht in dem kleinen Hof auf und ab, wo ich in mich gekrümmt sitze, ganz beansprucht von der Malaise. Kate hat angefangen, Mörtel von der Basementwand zu kratzen, so daß mehr von dem Ziegelwerk frei liegt. »Hör zu. Du bringst sie nach New York, gleich heute. Ich komme in zehn Tagen nach. Sie soll zu Étienne Suë. Der Mann ist krank und empfängt kaum noch Patienten, aber Kate wird er empfangen. Ich habe ihn schon angerufen.«

»Was ist passiert? Ist was mit Kate passiert?«

»Ich weiß nicht genau, was passiert ist.« Sam kreuzt die Füße übereinander und raucht, den Ellbogen in die Hand gestützt und den Arm vor sich auf und ab bewegend, auf einen Punkt konzentriert. »Eines ist sicher: als Kate heute morgen um zwei zu Bett ging, war alles in Ordnung. Sie war sogar bester Dinge. Wir, sie, Emily und ich hatten uns gerade vier Stunden lang wunderbar unterhalten. Sie war die berückendste Frau von New Orleans, und sie wußte das sehr wohl.«

(Ja, liebe Kate, ich weiß das auch: in deinen dunkelsten Stunden erscheinst du in aller Herrlichkeit.)

»Emily und ich redeten noch ein bißchen und gingen schlafen. Es war nicht später als halb drei. Um vier weckte mich etwas. Ich kann mich nicht entsinnen, was es war, aber ich erwachte mit der zudringlichen Empfindung von etwas Schlimmem. Ich ging in die Halle. Es war Licht unter Kates Tür, aber ich hörte nichts. So ging ich wieder zu Bett und schlief bis acht.« Sam gliedert die Einzelheiten rasch und genau, im Profistil. »Als Kate um zehn noch nicht beim Frühstück war, schickte Emily Mercer mit einem Tablett hinauf. Jules war schon auf dem Weg zur Kirche. Mercer klopfte an Kates Tür und rief so laut, daß es auch unten zu hören war. Keine Antwort. Jetzt war Emily sichtlich beunruhigt und bat mich, mit ihr hinaufzugehen. Zehn Minuten klopften und riefen wir (weißt du, wie lang zehn Minuten sind?). Dann trat ich einfach die Tür ein. Kate lag im Bett, dem Anschein nach tief schlafend. Aber ihr Atem ging flach, und auf dem Tisch stand eine offene Pillenflasche. (Freilich nicht leer, nach meiner Schätzung zu mehr als einem Drittel gefüllt.) Wie auch immer: Emily konnte Kate nicht wecken. Sie wurde äußerst erregt und bat mich, Dr. Mink anzurufen. Als er kam, war Kate aufgewacht. Sie war heftig und sehr bösartig, wie betrunken. Besonders gegen Emily zeigte sie ein kaltes Wüten, das erschreckend war. Als sie uns sagte, wir sollten uns zum Teufel scheren, habe ich auf der Stelle gehorcht. Dr. Mink hat ihr den Magen ausgepumpt und ihr ein Mittel gegeben« – Sam schaut auf die Uhr –, »das war vor einer Stunde. Dieser Mensch hat Nerven. Er wollte sie nicht ins Spital bringen lassen. Er sagte, Kate habe ihm versprochen, am Montag zu ihm zu kommen, und das genüge ihm – und was das Pentobarbital beträfe: niemand könne einen andern wirklich davon abhalten, eine beliebige Zahl davon wann auch immer zu schlucken. Übrigens ist er ein großer Bewunderer von Suë.« Sam schaut an sich herab, um zu sehen, ob seine Füße ordentlich ausgerichtet sind. »Noch etwas. Oscar und Edna sind da. Niemand hat damit gerechnet. Aber vielleicht kommen sie gerade recht. Denn es ist ein mißlicher Moment für Kate. Wie soll sie sich nun zeigen? Und darauf haben wir gesetzt: du kommst vorbei, weißt von nichts, schaust nach ihr und bringst sie herunter zum Abendessen.«

Meine Tante schaut mir vom Eßzimmer aus entgegen, und ich trete ein, um sie zu küssen und die Oscar Bollings zu begrüßen. Die Lage scheint eher entspannt. Onkel Jules scherzt mit Tante Edna. Obwohl Tante Emily abwesend wirkt, drei Finger an die Schläfe gestützt, unterhält sie sich leichthin, und ich denke, ob Sams Story nicht übertrieben ist. Onkel Oscar und Tante Edna sind vom Feliciana Parish heruntergekommen, für den Karneval und die »Frühlingspilgerfahrt« (eine jährliche Tour zu alten Häusern und Patios). Tante Edna ist eine derbhübsche Frau mit blitzend schwarzen Augen und einem Schnurrbartanflug. Obwohl sie mindestens fünfundsechzig ist, sind ihre Haare noch ganz dunkel und in einer Weise über die Ohren zurückgeschlungen, die mich an »Rabenkringel« erinnert. Onkel Oscar ist ganz korrekt gekleidet, erscheint aber schon auf den ersten Blick als der »Mann vom Land«. Als der jüngste der vier Bolling-Brüder wurde aus ihm weder ein Soldat noch ein Arzt noch ein Anwalt, sondern ein Ladeninhaber – bis er schließlich Erfolg damit hatte, den Touristen für einen Dollar pro Person Lynwood vorzuführen. Mit seiner Spitzfindigkeit und seinem wackelnden Kopf gleicht er ganz Judge Anse; dem widersprechen aber der abgeflachte Nasenrücken, die sanft gerundete Stirn und eine leichtsinnige Liebenswürdigkeit um die hellblauen Augen. Durch den Tod der Brüder und den Wegzug der Frauen wurden Onkel Oscar und Tante Edna die Erben des alten Winkels, der, ehrlich gesagt, nicht viel von einer Sehenswürdigkeit hat; niemandem war die Idee gekommen, ihm überhaupt einen Namen zu geben, bis Tante Edna auf »Lynwood« verfiel. Es ist ein altes, weitläufiges Gebäude, mit den geräumigen Veranden und der Eichenallee als einzigen Besonderheiten. Aber Onkel Oscar und Tante

Edna brachten es in Schwung und verwandelten es sogar in eine ständige Etappe des »Azaleen-Trail«. Seltsamerweise war es nicht Onkel Oscar, der im Haus den schönsten Natchez-Stil einführte (überdachter Weg zur Außenküche, Pfefferminzlikör, wo die Bollings nie etwas andres als Grog getrunken hatten, und sogar ein armer alter Shad, der als Seagrams Butler verkleidet mit einer Essensglocke auf den Highway gestellt wurde), sondern Tante Edna, die Drogistentochter aus dem Norden des Staates New York. (Onkel Oscar begegnete ihr während des ersten Weltkriegs in Plattsburg.)

Als ich mich zum Kuß über meine Tante beuge, gibt sie mir, abgesehen von dem üblichen grauen Blick und den üblichen zwei Klapsen auf die Wange, nicht einmal das Zeichen eines Zeichens – es sei denn eine gewisse untergründige Ironie, Grau unter dem Grau.

Beim Hinaufgehen kommt mir ein kurzes Ankündigungsräuspern in die Kehle, das aufhört wie ein Stuhlschrammen, als müßte es sich gleich wieder unkenntlich machen als eines der vielen häuslichen Alltagsgeräusche. Neben dem Treppenabsatz ist ein dunkler schmaler Mezzanin, der als Möbelabstellraum dient. Zwanzigmal am Tag geht man an einem solchen Ort vorbei und denkt so wenig daran, ihn zu betreten, wie bei einem Gemälde, ja, man schaut nicht einmal hin – aber sowie man dann eintritt, fühlt man dort tatsächlich eine unbewohnte Tiefe, und der Blick auf das Haus, die Halle und das Speisezimmer unten wird unversehens privilegiert, fremdartiger. In diesem Schattenbereich hält Kate sich auf. Sie sitzt neben einem Porzellankamin und den Glaskästen mit Medaillen, Bauschpantoffeln, goldgefaßtem Kristall und der Photoplatte des Captain Alex Bolling von der zweiten Louisiana-Infanterie – diese Dinge sind nicht bloß abgeschlossen, sondern versiegelt und in die Wand eingelassen, was mich immer sehr beschäftigt hat (die für alle Zeit entrückten Kleinigkeiten da in der Luft von 1938) –: da sitzt Kate mit gekreuzten Armen und macht mir freundlich den »Vorzugsplatz« frei. – Erst später erkenne ich, warum sie so prächtig aussieht: sie ist in großer Garderobe, das erste Mal seit Weihnachten. Sie rafft das gefältete und gefalbelte weiße Gewand und hebt es von mir weg. Ihre Beine knistern von Nylon, und ich rieche ihr Parfum.

Der Blickwinkel ist so, daß wir ins Eßzimmer hinunter sehen können. Alle dort sind sichtbar, ausgenommen meine Tante. Nur ihre rechte Hand umgreift immer wieder den Stuhlarm und reibt das Löwengesicht mit der gespaltenen Nase.

»Sag Mutter, daß es mir gutgeht und daß ich später dazukomme. Ich bin nicht hungrig.«

Nachher (meine Tante hat mich unten mit einem einzigen ernsten Nicken empfangen) hat sich Kate eine Zigarette angezündet. Ihre Knie sind gekreuzt, sie wippt mit dem Bein und hält Feuerzeug und Schachtel im Schoß.

»Was hat Sam dir erzählt?« fragt sie.

»Daß du eine böse Nacht hinter dir hast, und daß Merle hier war.«

»Willst du die Wahrheit wissen? Ich habe eine sehr schöne Nacht verbracht, wahrscheinlich die schönste Nacht meines Lebens.«

Unten berührt Sam mit dem Messer das Kelchglas. Wie üblich richtet er seine Rede an meine Tante, berücksichtigt aber auch die andern als Zuhörer. Onkel Jules zu seiner Rechten lauscht zufrieden, mit einem Ausdruck fast dümmlicher Liebenswürdigkeit. Dies ist eins von Emilys »Dinners«, Sam ist der »Forums«-Sprecher, Emily die »Vorsitzende«. Schon lange bemerkt Onkel Jules (mit demselben Scharfsinn, mit dem er in der Firma Zeichen von Krankheit und Gesundheit entdeckt) ein bestimmtes Schema an Emilys Vortragenden. Es handelt sich um Leute von fortschrittlichen Ansichten, mit großer Einfühlsamkeit für Minoritäten (ausgenommen Katholiken, was Onkel Jules freilich nie gestört hat), die nach seiner Beobachtung jedoch alle dieselben Tabus und Riten befolgen. Anders als Jules verhält sich Onkel Oscar: zurückgelehnt dasitzend und zu dem Leuchter emporstarrend, weiß wohl auch er, daß er in eine ganz schön geistige Gesellschaft geraten ist. Aber er wird sich nicht anpassen; jederzeit wird er ein Tabu brechen, einen Ritus lästern und auf »Nigger«, »Mrs. Roosevelt«, »Ithaker« und »Juden« kommen, alles in einem Atemzug. – Onkel Jules dagegen wird nie eine Grenze überschreiten. Er ist gerüstet mit Unernst. Nie versteht er die respektlosen Ausfälle von Tante Emilys Rednern als Angriff auf die eigenen stummen Überzeugungen; schlimmstenfalls passen sie eben in sein Bild von »Emilys Leuten«.

Sam schlägt an sein Glas. »Am letzten Donnerstag kam Eric aus Genf zurück, und ich traf ihn am Flughafen. Sein Gesicht war kreideweiß –«

Kate, die sich zurückgesetzt und zu Sam hinuntergespäht hat wie ein Zuschauer auf einem Theaterbalkon, fängt an, das Zellophan der Zigarettenschachtel zu glätten.

»Genauso haben wir letzte Nacht geredet. Ich war sehr glücklich.«

Tante Edna lehnt sich vor, um Sams Monolog zu unterbrechen. Sie kommt mit Sams Art zu reden noch nicht zurecht, so verwirrt ist sie. »Aber was kann man denn tun?« fragt sie und ringt dabei tatsächlich die Hände.

»Sam ist ein sehr lieber Mensch«, sagt Kate. »Gehst du zu seinem Vortrag?«

»Ich möchte schon. Doch ich muß morgen früh nach Chicago, geschäftehalber.«

»Unser Abend war jedenfalls wunderschön«, sagt Kate. »Nur beim Zubettgehen war ich vage beunruhigt. Du weißt, wie man bei Sams Überschwang aufpassen muß. Was oben ist, muß wieder herunter – und ich war zehn Meilen hoch. Aber ich war achtsam und bin nicht abgestürzt. Ich ging gleich zu Bett und schlief sofort ein. Plötzlich wachte ich auf. Ich war ganz wach und völlig bei Sinnen. Ich dachte über deinen Antrag nach, und er schien mir reell. Wenn nur ich nicht alles ruinierte.«

Onkel Oscar sagt etwas zu Sam. Ich verstehe kein Wort, aber ich erkenne seine Stimme (behagliches Schwatzen, dann schnaufendes Gelächter), welche Zustimmung fordert und im Unterlassungsfall die Reprise androht. Ich war gern in Onkel Oscars Laden in Feliciana – seine Stimme jetzt bringt fast den Geruch der Fußbodenbretter dort wieder, die gesäuert waren mit nassem »Growena«. Doch auch damals war es gefährlich, von ihm herausgefordert zu werden.

»Oscar!« mahnt Tante Edna, in vorgeblich prächtiger Stimmung. Im voraus hört sie Sam in Dallas: »Letzte Woche habe ich einen erhebenden Kommentar zum Geist des Südens vernommen –« Sie lehnt sich hin und tätschelt Onkel Oscar heftig, was bedeutet, daß er ein guter Kerl ist und daß wir alle ihn gern haben. Es bedeutet außerdem, daß er still sein möge.

»Ich konnte nicht mehr einschlafen«, sagt Kate. »Ich ging hinunter, fand einen von Vaters Detektivromanen, ging damit zurück ins Bett und las ihn ganz durch. Er handelte von ein paar Leuten in Los Angeles. Das Haus war dunkel und ruhig, von Zeit zu Zeit blies ein Schiffshorn auf dem Strom. Ich sah, wie mein Leben sein könnte – das einer netten kleinen Della Street, die jeden Abend ihre Strümpfe wäscht. Aber dann erinnerte ich mich, was in Memphis passiert ist. Wußtest du, daß ich einmal in Memphis gelebt habe?«

Meine Tante achtet auf Onkel Oscar so wenig wie auf Sam.

Ihr Daumennagel kämmt methodisch die Rillen der Löwenmähne.

»Das war 1951 – du warst bei der Army. Vater und ich stritten uns über Politik, und Mutter meinte, es wäre gut, wenn ich eine ihrer alten Klassenkameradinnen in Memphis besuchte, eine Lady namens Mrs. Boykin Lamar. Die hatte an der Civic Opera in New York gesungen und ein recht lustiges Buch über ihre Jugendreisen in Europa geschrieben. Alle waren freundlich zu mir. Aber keiner wußte, was reden. Abend für Abend saßen wir da, hörten Opernplatten und fürchteten den Moment, wenn die Platte aus war und etwas geredet werden sollte. Ich wurde so nervös, daß ich eines Abends über den Herd stolperte und mich verbrannte. Glaub mir, es war eine Erleichterung, äußersten körperlichen Schmerz zu erleiden. Die Hölle kann kein Feuer sein – es gibt Ärgeres als Feuer. Ich zog um in ein Hotel, und eine Zeitlang ging es gut. Ich hatte einen Job als Sozialarbeiterin und traf viele Leute. Aber dann begann das Elend mit meinem Zimmer. Jeden Nachmittag, wenn ich von der Arbeit kam, ging jenseits des Flusses in Arkansas gerade die Sonne unter, und mit jedem Tag wurde das gelbe Licht trauriger und trauriger. Und Arkansas da drüben im gelben Westen – o mein Gott, du kannst dir nicht vorstellen, wie traurig es aussah. Eines Nachmittags packte ich meinen Koffer und fuhr mit dem Illinois Central nach Hause.«

Sam ist in Schwung; die ganze Zeit zieht er mit der Messerklinge flache Furchen ins Tischtuch. In seine Stimme schleicht sich ein Ankündigungston, wie bei einer Symphonie, wenn die »schöne Stelle« bevorsteht; ich weiß, daß er nun auf eine seiner Geschichten abzielt. – Sams Geschichten pflegten in mir ein Vergnügen zu erwecken, das fast an Gereiztheit grenzte. Auf der dunklen Veranda von Feliciana erzählte er einmal von seiner Reise zu den Quellflüssen des Orinoco, wo er wochenlang fieberkrank lag. Eines Nachts hörte er von einer wunderbar schönen Stimme die vollständige *Winterreise* gesungen. Er glaubte sich im Delirium, bis er tags darauf den Sänger traf, einen österreichischen Ingenieur, der ein besserer Liedersänger war als Lotte Lehmann usw.

»Emily, erinnerst du dich an die Nacht, als wir *There Shall Be No Night* sahen und du so bewegt warst, daß du darauf bestandest, den ganzen Weg zurück zum Carlyle zu Fuß zu gehen?«

Kate hält ihren wunden Daumen ins Licht und untersucht ihn aufmerksam. »Alles war schön letzte Nacht – bis ich das Buch ausgelesen hatte. Danach fing ich zu warten an. Was kommt als nächstes? dachte ich. Ich bekam ein bißchen Angst – zum ersten Mal hatte ich die Vorstellung, an ein Ende gekommen zu sein. Ich bemerkte den eigenen Atem. Die Dinge begannen sacht zu gleiten. Ich besorgte mir einen kleinen Drink, nahm zwei Nembutal und wartete auf den Aufschwung.« Es ist das erste Mal, daß sie von ihren Kapseln redet. »Du weißt, was dann passiert ist? Was hat Sam erzählt? Hast du mit Merle geredet? Nein? – Was passiert ist, war das Allerbanalste, gar nichts Großartiges – obwohl ich das gern so hätte. Ich nahm sechs bis acht Kapseln auf einmal. Ich wußte, daß sie mich nicht umbringen würden. Herrgott, ich wollte nicht sterben – nicht in diesem Moment. Ich wollte bloß heraus, weg von dem toten Punkt.« Sie bricht ab und gähnt. »Ich habe mich so wunderlich gefühlt. Alles schien dann so – ungültig, weißt du?« Sie wippt mit dem Fuß und summt. »Ehrlich gesagt, ich erinnere mich kaum. Seltsam. Ich erinnere mich sonst an jede Kleinigkeit.«

Sam lächelte meiner Tante zu: »– und du erwähntest erstmals vor mir deine messianischen Hoffnungen.« In Feliciana pflegten wir über den neuen Messias zu spekulieren, den Wissenschaftler-Philosophen-Mystiker, der durch die Ruinen geschritten käme, in der einen Hand das *Bagavagita*, in der andern einen Geigerzähler. Doch heute verrechnet sich Sam. Meine Tante sagt nichts. Der Daumennagel kämmt weiter die Löwenmähne.

Nach dem Dinner bleibt Onkel Oscar unten sitzen, bis die andern gegangen sind, greift sich dann an den Hodensack und schüttelt kräftig das Bein aus.

Unsicher stehe ich auf, urplötzlich schläfrig, geradezu betrunken. Kate nimmt meinen Arm zwischen beide Hände.
»Wart. Ich gehe mit dir.«
»Gut. Aber erst brauche ich einen kleinen Schlummer auf der Veranda.«
»Nach Chicago, meine ich. Macht es dir was aus, wenn ich mitkomme?«
»Nein.«
»Wann ist die Abfahrt?«
»Morgen früh.«
»Und wenn wir schon heute abend den Zug nehmen?«
»Warum den Zug?« Allmählich merke ich, wie wenig ich in der letzten Woche geschlafen habe.
»Hör zu: leg dich unten nieder. Ich kümmere mich um alles.«
»Einverstanden.«
»Könnten wir nicht von Chicago aus westwärts und eine Zeitlang in einer kleinen Stadt wie Modesto oder Fresno bleiben?«
»Doch.«
»Ich arrangiere alles.« Sie klingt sehr fröhlich. »Hast du überhaupt Geld?«
»Ja.«
»Gib es mir.«

Erstaunlich (so denke ich im Halbschlaf in der Hängematte), wie flink Kate war. Sie kam heraus, mit klackenden Absätzen,

Arm in Arm mit ihrer Stiefmutter, schnappte ihre Geldbörse – und ab fuhr sie, in ihrem zackigen kleinen Plymouth, mit Sam als irgendwie trübem Zuschauer. Dann weiß ich auch, warum sie so schnell war. Es sind die Züge. Wenn es sich um eine Reise handelt, um das Weggehen, das Einsteigen in einen Pullman, das abendliche Hinausgleiten aus der Stadt, dann ist sie so flink und bedenkenlos wie Della Street.

Gerade hilft draußen an der Prytania Street Onkel Oscar Tante Edna in den Kombiwagen – sie sind auf dem Weg zu ihrer »Patio-bei-Kerzenlicht«-Promenade – und geht verdrossen herum zu seiner Tür, nach hinten geneigt und eine Hand in die Seite gepreßt. Sam stellt sich an der Brüstung auf die Zehenspitzen. »Schau doch: Ist das nicht der Gouverneur mit seiner Frau?«

In meinem Erschöpfungstaumel muß ich mich vor dem Lachen hüten wie vor einem Brechreiz. »Zu viel für dich?« fragt Sam. Ein letzter verzweifelter Krampf. O Herr.

Später – zugleich mit einigen Anweisungen Sams, von denen ich einzig behalten habe, daß sie wie ein Therapie-Schema meiner Tante klangen – scheint eine viereckige, von Sams Körper warme Flasche in meine Hand zu finden. Ich fühle mit den Fingern eine Erhabenheit im Glas: das Apothekerzeichen »oz« oder »ʒ« oder »$\bar{\mathfrak{z}}$«.

2

Sicher ist, daß wir drei Stunden später auf einem holprigen Gleiskörper durch das Herz des Ponchitoula-Sumpfes ruckeln.

Kaum öffnen wir die schwere Tür des »Sieur Iberville« und betreten den stählernen Korridor mit seiner wie gefrorenen Stille, den vereinzelten Stimmen aus den offenen Abteilen und dem geheimnisvoll-stechenden Abschiedsgeruch, und schon werden die letzten zehn Jahre meines Lebens ein Schattenaufenthalt zwischen zwei Zugreisen. Vor zehn Jahren bin ich zuletzt mit dem Zug gefahren, von San Francisco nach New Orleans; zehn Jahre ist es also her, seit ich das so besondere Erkenntnis-Mittel »Zug« benutzt habe, in dem sich sowohl die tristen Bruchstücke der Vergangenheit als auch die hellsten und einfachsten Möglichkeiten der Zukunft offenbaren – sowie die Bewegung selber, das Glück der menschlichen Fortbewegung auf Erden. Aber die Züge haben sich geändert. Verschwunden sind die Stockwerkbetten mit den Trennwänden und den Kurbeln dran, der grüne Velour; nur der Träger ist scheint's immer noch derselbe: ein Schwarzer mit shrimpsfarbenen Handballen und einem von Widerwillen geblähten Nacken. Unsere Bettnischen erweisen sich als kleine Särge für Einzelpersonen. Von Zeit zu Zeit stecken Leute die Köpfe aus den Nischen, um auf dem Korridor etwas Menschliches wahrzunehmen.

Kate paßt in die freiere Welt der Züge. Das graue Jackett reicht ihr nicht einmal bis an die geschwungenen Hüften, und der enge Rock ist schön-spielerisch vulgär. Auf dem Weg zum Aussichts-Waggon zieht sie mich im Vorraum an sich und gibt mir einen Kuß, packt mich dabei unter dem Mantel wie eine Kellnerin. Zum Mardi Gras hat sie sich die Wimpern getuscht und schaut nun mit schwarzem, stachligem Blick zu mir empor.

»Werden wir in Modesto leben?«

»Sicher«, antworte ich und fühle mich unbehaglich bei ihrer Scherzhaftigkeit. Sie ist nicht so guter Dinge, wie sie tut. Auch in einem Zug ist sie nicht in Sicherheit; gibt sich hier angesichts der Gefahr nur frecher.

Der Aussichtswagen ist ziemlich voll, aber wir finden Plätze nebeneinander auf einem Sofa, wo ich gegen einen Mitreisenden gepreßt werde, der Zeitung liest. Wir gleiten an den Cottages von Carrollton vorbei, deren Hintergärten zu seltsamen

Trapezoiden verzerrt werden, dann an den Country-Clubs und den Friedhöfen von Metaire. In der zunehmenden Dämmerung erscheinen die Friedhöfe auf den ersten Blick als Städte, mit ihren Reihen weißer Gewölbe, manche zwei- und dreistökkig wie Wohnhäuser mit Etagenwohnungen; die winzigen Straßen, die Ecken und Kurven und sogar die Rasenflächen rücken in einem Moment der Sinnestäuschung weg zu einer Stadt in weiter Ferne. Wir sind jetzt in den Vorstädten und überfliegen wie im Hexenritt die kiesigen Dächer.

Allmählich fällt mir ein Mann auf, der mich jenseits des Gangs mit merkwürdiger Beharrlichkeit fixiert. Kate stößt mich heimlich an. Es ist Sidney Gross, mit seiner Frau; zweifellos auch auf dem Weg zum Konvent. Sidney, der Sohn von Sidney Gross von »Danziger and Gross«, ist ein kurzgewachsener, frischgesichtiger, kraushaariger Mensch mit der hellen Ausstrahlung mancher Südstaatenjuden. Zwischen uns herrscht seit je eine besondere Herzlichkeit. Er ist verheiratet mit einer Mississippi-Schönheit namens Margot; anders als Sidney gibt sie immer sehr acht – sie könnte sagen, wer von uns beim letzten Mal als erster den Mund auftat –, und so schaut sie auch jetzt schläfrig an uns vorbei; ist freilich gegen den eigenen Willen von Kates weißem Gesicht und den schwarzen, stachligen Augen gebannt. Aber Sidney kommt schon herbei, strahlend, wie ein kräftiges kleines Pony, mit dem starken Kopf auf den Schultern und den feinen flach anliegenden Ohren.

Begrüßung: ich stelle ihnen Kate Cutrer vor. Margot wird sehr freundlich, in der wortreichen Art des Mississippi-Delta.

»Ihr habt also auch kein Flugzeug bekommen?«

»Nein, wir fahren gern mit dem Zug.«

Sidney ist aufgeregt, nicht wegen der Reise (wie ich), sondern wegen der bevorstehenden Versammlung. Er beugt sich mit einem eingerollten Programm her, erklärt, daß er an einer Diskussion über Steuererleichterung für Schuldverschreibungsfonds teilnehmen soll. »Und du?«

»Ich glaube, ich gehöre zur sogenannten ›Freien Runde‹.«

»Das wird dir gefallen. Da redet jeder, wie es ihm paßt. Du kannst den Rock ausziehen, aufstehen, dich strecken – was immer du willst. Im letzten Jahr hatten wir diesen Komiker aus Georgia dabei.« Sidney überlegt, wie er etwas von dessen Komik vermitteln könnte, und als ihm das nicht gelingt, geht er anstandslos darüber hinweg. »Welch ein Original. Äußerst komisch. – Was ist euer Thema?«

»Die Konkurrenz mit den variablen Stiftungen.«

Ein schräger Blick Sidneys – eine Anspielung auf unser Geschäft. Er rollt den Papierzylinder hin und her. »Das belastet mich nicht. Und dich?«

»Auch nicht.«

Sidney schlägt eine Partie Bridge vor, aber Kate mag nicht. Das Paar setzt sich an einen Ecktisch und fängt eine Partie Gin-Rommé an. Kate, die eine Zeitlang in ihrer Tasche gekramt hat, hält inne. Ich fühle, daß sie mich anschaut.

»Hast du meine Kapseln?«

»Was?«

»Meine Kapseln.«

»Ja, doch, natürlich. Ich hatte sie schon vergessen.«

Ohne mich aus den Augen zu lassen, nimmt sie die Flasche, verstaut sie, läßt die Tasche zuschnappen. »Das ist aber nicht deine Art.«

»Ich habe sie nicht genommen. Sam hat sie mir gegeben, als ich in der Hängematte lag. Ich erinnere mich kaum.«

»Hat er sie mir aus der Tasche genommen?«

»Ich weiß es nicht.«

Lange sitzt sie nur da, die Hände im Schoß; ein bißchen Genestel mit gekrümmten Fingern. Dann steht sie jäh auf und geht weg. Als sie zurückkommt, ist ihr Gesicht abgeschrubbt und bleich; die Haarwurzeln dunkel von Nässe. Nicht die Geschichte mit den Kapseln hat sie betroffen, sondern die Begegnung mit dem Ehepaar Gross. Alles ist verdorben durch diese Aussicht auf reizende Unterhaltung und angenehmen Zeitvertreib, wie Sidney es ausdrücken würde (»Da hockten wir – ohne Flugzeug –, als Jack Bolling daherkam, woraufhin wir unser eigenes Fest feierten«) – wo doch wir zwei allein inmitten von Fremden durch das dunkle alte Mississippi hätten schaukeln sollen. Doch es geht ihr schon besser: vielleicht ist es die Hoffnung, daß das Paar weiter Karten spielt, oder die erste Wirkung der Chemikalien in ihrem Blut.

Der Zug fährt schneller; wir sind im Sumpfland. Kate und ich schwanken gegeneinander und betrachten die Autolichter auf der Sumpfstraße, die durch das Moor blinken wie große gelbe Käfer. Die Schläfrigkeit kommt zurück, die unerwünschte. Sie ist mir neu: ein ruckhaftes Zwielicht mit Wachträumen ohne Schlaf.

Der Mann neben mir fährt bis St. Louis. Als der Schaffner kommt, gibt er ihm seinen letzten Kontrollabschnitt: er ist auf dem Heimweg. Er sitzt mit gekreuzten Beinen; eine wohlbekleidete Hüfte ragt keulenförmig auf, die Wade des obenaufliegenden Beins ist plattgedrückt. Sein braunes Haar wirkt jugendlich (er ist an die Vierzig) und bildet vorn eine Tolle. Mit der Tolle und den schwarzen Augengläsern sieht er dem Schauspieler Gary Merrill ähnlich; mit der gleichen Autorität nimmt er selbstsicher seinen Platz im Raum ein. Rotbäckig vor Gesundheit, spuckt er herzhaft ins Taschentuch. Sicher kommt er gerade von einem wunderbaren Essen bei Galatoire's, und sein Blut transportiert eine goldene Ernte von Nährstoffkügelchen. Beim ersten Durchblättern seiner Zeitung schlägt er diese auf wie ein Buch, und ich kann nicht umhin, die linke Seite mitanzuschauen. Gemeinsam halten wir inne bei der Annonce eines Bourbon-Street-Nightclubs: eine Tänzerin mit eingeöltem Körper. Eine Sekunde lang starren wir mit schweren Lidern darauf – dann weiter. Jetzt findet er das Gewünschte und faltet die Zeitung, wieder und wieder, zu einem niedlichen, genau zwei Spalten breiten Paket, wie ein New Yorker Subwaybenutzer. Er lehnt sie gegen das Knie und unterstreicht, geschickt einhändig, mehrere Sätze mit geraden schwarzen Linien (er ist ein geübter Unterstreicher). Im Halbschlaf an seiner Schulter kann ich nicht mehr erkennen als: »Zwecks Vertiefung und Bereicherung des ehelichen –«

Es ist eine Ratgeberkolumne. (Auch ich lese sie vertrauensvoll.)

Der Zug schaukelt durch das Sumpfland. Der Mann aus St. Louis atmet mächtig durch die Nasenhaare; sein Oberschenkel bildet eine sichere Unterlage für das Päckchen.

Die Stimmen im Waggon klingen nun mürrisch – die Passagiere sind schon lang gemeinsam unterwegs, und zwischen ihnen haben sich geheime Erkennungszeichen und alter Groll entwickelt. Man redet böse und in Kürzeln miteinander.

Dieses Wachsein ist wie eine Krankheit – und Einschlafen kommt nicht in Frage, wegen der Aufpasserpflicht. Bei weit offenen Augen kommen die Träume, jäh wie Elmsfeuer.

Dr. und Mrs. Bob Dean signieren ihr Buch *Ehetechnik* in einem Laden der Canal Street. Ein schönes Paar. Ich muß von Gentilly hereingekommen sein, denn ich stehe gegen einen Tisch mit einer Pyramide von Büchern gepreßt. Ich kann nicht von den Deans wegschauen: ein älteres, immer noch ansehnliches Paar; beide – seltsam – voll Sommersprossen. Sich auf den Rummel vorbereitend, tauschen sie untereinander Neckereien aus, in der Art der Showprofis. »Nein, wir streiten nie«, sagt Bob Dean. »Jedesmal wenn es knistert, konsultieren wir das Kapitel, in dem ich den Streit behandelt habe.« »No, dear«, sagt Jackie Dean, »das Kapitel über den Streit habe ich geschrieben« – etc. Allgemeines Gelächter. Auffällig, daß in der gegen mich gedrückten Menge fast nur Frauen sind, kräftige Hundertfünfzigpfünder in mittleren Jahren. Unter gesenkten Lidern beobachte ich die Deans, besonders berührt von ihrer Routine, die so anstrengungslos daherkommt, daß sie mitten im Witzaustauschen die Umgebung auskundschaften, als wären sie allein. Aber als das Geschäft dann losgeht, werden sie so ernsthaft wie Heilige und strahlen zugleich eine Aura von hingebungsvoller, fast evangelischer Hilfsbereitschaft aus. Ein Exemplar ihres Buches liegt offen auf dem Tisch. Ich lese: »Mit einem zärtlichen Blick für Ihre Partnerin entfernen Sie nun die Hand von der Brustwarze und reiben sanft –« Ich muß sie mir unwillkürlich bei ihren Untersuchungen vorstellen: ein feierliches Paar von Brontosauriern, die schweren, alten, sommersprossigen Gliedmaßen ineinander verschlungen, mit den kundigen Händen sensitive Zonen, pigmentierte Höfe, besonders schleimige Drüsen und unerweckte Gefäßverbindungen erprobend.

Mein Kopf schaukelt wie eine Osterglocke und fällt gegen den Mann aus St. Louis, schnellt dann von selber wieder empor. Kate neben mir fröstelt, aber der St. Louis-Mann ist warm und fest wie Roastbeef. Während der Zug auf seiner Raum-Zeit-Reise weiterrattert, bombardieren uns Tausende kleiner Ding-Ereignisse wie kosmische Partikel. Draußen in einem Graben liegt ein Zeitungsschnitzel mit dem Datum des 3. Mai 1954. Mein Geigerzähler tickert los wie ein Fernschreiber. Doch niemand sonst scheint etwas zu merken; jeder ist in seine Zeitschrift vergraben. – Kate zittert wie ein Blatt, weil sie nicht jemand Beliebiger, nicht irgendwo sein kann.

Der Mann aus St. Louis liest eine Schlagzeile: »Wissenschaftler sieht optimistisch in die Zukunft sofern Kernenergie nicht mißbraucht wird«. Der goldene Stift erscheint und zeichnet eine ordentliche schwarze Umrahmung, die nach kurzer Lektüre verdoppelt wird. Bessere Idee: er holt ein silbernes Messer aus der Tasche, öffnet die zugehörige Schere und schneidet den ganzen Artikel aus, faltet ihn und steckt ihn in die Brieftasche. Es gelingt mir nicht, die umrahmten Passagen zu lesen, bis auf den Ausdruck »die graduelle Konvergenz von Physik und Sozialwissenschaft«.

Sehr guter Ausdruck. Ich kann nicht anders als den Mann aus St. Louis für sein übersichtliches und wohlgeordnetes Leben bewundern: für seinen goldenen Stift, sein Messer mit der Schere und seine Art, Artikel über die Konvergenz von Physik und Sozialwissenschaften auszuschneiden. Dabei geht mir auf, daß in den letzten paar Tagen mein eigenes Leben aus den Fugen geraten ist. Ich esse und schlafe nicht mehr regelmäßig, habe schmutzige Fingernägel und schreibe kaum mehr philosophische Bemerkungen ins Notizbuch. Die Suche hat mir alle Freude an dem sauberen, unbefangenen Leben in Gentilly genommen. Noch vor einer Woche hätte eine Formulierung wie »in der hoffnungsvollen Erwartung der graduellen Konvergenz von Physik und Sozialwissenschaften« bei mir bloß ein flüchtiges ironisches Kribbeln geweckt – jetzt heult sie durch das Ponchitoula-Sumpfland als die Stimme der innersten Verzweiflung.

Kate hat zu zittern aufgehört, und als sie sich eine Zigarette anzündet, denke ich, daß es ihr besser geht. Ich irre mich. Sie seufzt, ein mechanisch-prosaischer Ton, und geht wieder weg. Der Waggon schlingert und wirft sie gegen Sidneys Sessel, wo der Zug sie dann kurz festhält: Man könnte sie für eine gebannte Zuschauerin des Gin-Rommé-Spiels halten. Sidney schlägt die Packung gegen das polierte Holz, bis die Karten ganz gleichgerichtet sind. Der Goldring an seinem kleinen Finger erscheint als eine Art Zunftzeichen: eine ordentliche kleine Schließe, die die Bewegungen seiner Hand leitet und zügelt.

Eine halbe Stunde vergeht, und Kate kommt nicht zurück. Ich finde sie in ihrer Nische, die Arme verschränkt, das Gesicht zum dunklen Glas. Wir sitzen Knie an Knie.

»Kommst du zurecht?«

Sie nickt langsam zum Fenster hin, aber ihre Wange bleibt abgewendet. Ein Fleck gelben Lichts läuft draußen einen Deich entlang, schnellt weg zu den Wäldern und Feldern und kehrt mit einem Schwung neu zurück. Plötzlich zeigt mir Kate ein keckes Gesicht. Sie lehnt sich vor und umklammert sich selber.

»Ich komme zurecht. Mit dir ist es immer erträglich.«

»Warum?«

»Es ist gar nicht dein Verdienst. Im Gegenteil. Die andern haben weit mehr Gefühl als du, besonders Mutter und Sam. Du, du bist verrückter als ich. Es genügt, dich anzusehen, und ich muß lachen. Glaubst du, das reicht zum Heiraten?«

»Es ist besser als Liebe.«

»Was weißt du von Liebe?«

»Ich habe nicht behauptet, daß ich etwas davon weiß.«

Sie dreht sich wieder zum Fenster. Wir sitzen geknickt, Knie an Knie und Nase an Nase, wie die beiden Teufel auf der Rorschachtestkarte. Ein Glitzern erscheint in ihren Augenwinkeln; sicher keine Träne.

»Echt Karneval. Zwei Anträge an einem einzigen Mardi Gras.«

»Wer noch?«

»Sam.«

»Im Ernst?«

»Im Ernst. Sam ist ein Plänemacher. Außerdem mag er mich. Er weiß, daß ich eines Tages ziemlich reich sein werde. Aber er mag mich auch. Das ist so übel nicht. Pläne zu machen ist menschlich. Man muß menschlich sein, um Pläne zu machen. Sooft ich einen von Sams Plänen durchschaue, wird mir warm ums Herz. Du aber – du bist wie ich. So laß uns einander nichts vormachen.«

Ihre Stimme ist fester. Vielleicht ist es das sanfte Gleiten des Zuges, das uns stetig leicht nicken läßt.

Sie sagt: »Zwischen uns ist es zu spät für solch raffinierte kleine Pläne. Dein Heiratswunsch erinnert mich an einen Todeskandidaten, der ein seltsames Vergnügen daran findet, sich in Wahllisten einzutragen und dergleichen.«

»Wir könnten doch auch als Verheiratete uns in den Sommernächten draußen herumtreiben, einen Film anschauen und unten an der Magazine Street Austern essen.«

»Du verstehst nicht. Es ist alles. Es ist alles so monströs.«

»Was ist monströs?«

»Alles«, sagt sie reizbar. »Ich bin dem nicht gewachsen. Einen kleinen Ehemann zu haben, eng mit Eddie und Nell zu werden und meine zwei reizenden Buben aufzuziehen, für die nächsten zwanzig Jahre mit dem Problem, ob sie Princeton schaffen.« Und weg geht sie, den stählernen Korridor hinab, eine Hand mit der Innenfläche gegen die Wand gestreckt.

Nichts von alldem ist neu. Ehrlich gesagt, höre ich ihr nicht sehr genau zu. Es ist ihre Stimme, die mir zeigt, wie es um sie steht. Im Augenblick hat sie ihren »kecken« Ton; und da sie geradezu heiter erscheint, jedenfalls ruhiger, als ihre Worte vielleicht besagen, sorge ich mich nicht ernsthaft um sie.

Aber in der Nische wird es bald bedrückend, und weil mir nicht nach einem Business-Gespräch mit Sidney Gross ist, halte ich mich in die andre Richtung, bleibe im nächsten Vorraum stehen und nehme einen kräftigen Schluck aus meiner Mardi Gras-Flasche. Wir fahren in Jackson ein. Quietschend beschreibt der Zug eine langsame Kurve zwischen den ersten

Häusern. Kate kommt herbei und stellt sich ohne ein Wort neben mich. Sie riecht nach Seife und scheint guter Dinge.

»Einen Schluck?«

»Erinnerst du dich an die Zugfahrt hinauf nach Baton Rouge zum Football?«

»Sicher.« Das ovale Gesicht ein Schimmer im dunklen Vorraum, die Haare flachgekämmt und in den Kostümkragen gesteckt, auf Gleichgewicht bedacht: so sieht sie aus wie ein Collegegirl. Sie trinkt und preßt den Finger an die Kehle.

Der Zug hält; wir stehen mit unserem Waggon erhöht in der freien Luft, genau über einer Stadtstraße. Der fast volle Mond treibt durch Wolkenfetzen und wirft ein glänzendes Licht auf die Kapitolskuppel, die schnittigen neuen Amtsgebäude aus Stahl und Glas und die leere Straße mit den glitzernden Straßenbahnschienen. Kein Mensch ist zu sehen. Weit weg, jenseits der Kapitolsflügel, erstrecken sich die dunklen baumbewachsenen Hügel und die blinkenden Lichter der Stadt. Im besonderen Licht des Mondes erscheint die Stadt weiß wie Schnee und unbewohnt; sie schläft da auf ihrem Hügelrücken gleich der heiligen Stadt von Zion.

»Wie schön.« Kate schüttelt langsam den Kopf, in der versunken-verzückten Art ihrer Stiefmutter. Ich versuche, sie von der Schönheit abzulenken; Schönheit ist ein Biest.

»Siehst du das Gebäude dort? Das ist die Southern-Lebens- & Unfallversicherung. Hättest du 1942 da hundert Dollar investiert, bekämst du jetzt fünfundzwanzigtausend heraus. Dein Vater hat eine Menge von den Erstpapieren gekauft.« Geld ist ein besserer Gott als Schönheit.

»Du weißt nicht, was ich meine«, ruft sie, in stetiger milder Verzücktheit.

Ich weiß sehr wohl, was sie meint. Aber ich weiß etwas, das sie nicht weiß. Geld ist ein gutes Gegengift für die Schönheit.

Schönheit, die ausschließliche Suche nach Schönheit, bringt Verderbnis. Vor zehn Jahren war ich auf Schönheit aus, ohne einen Gedanken an Geld. Ich lauschte den süßen Tönen Mahlers und fühlte mich elend bis in die innerste Seele. Jetzt bin ich auf Geld aus, und es geht mir im ganzen besser.

»Ich weiß nun, wie ich leben könnte«, sagt Kate. Sie wendet sich mir zu und schließt mir die Arme um die Mitte. »Es gibt nur eins: du wirst mir sagen, was ich zu tun habe. So einfach ist es. Warum habe ich das nicht früher erkannt? Es ist vielleicht nicht das Höchste, aber es ist eine Möglichkeit. Es ist meine Möglichkeit! Lieber alter Binx, was für eine Freude ist es, endlich zu entdecken, wer man ist. Es tut nichts zur Sache, wer man ist – wenn man es nur *weiß*!«

»Und wer bist du?«

»Ich werde es dir mit Freuden sagen, weil ich es gerade herausgefunden habe und weil ich es nie vergessen will. Ich bin ein religiöser Mensch.«

»Wie das?«

»Verstehst du denn nicht? Mein Bedürfnis ist es, ganz und gar an jemanden zu glauben und zu tun, was er will, das ich tue. Würde Gott zu mir sagen: Kate, folgendes will ich von dir – du steigst sofort aus diesem Zug, gehst dort hinüber an die Ekke an der Southern-Lebens- & Unfall, bleibst für den Rest deines Lebens da stehen und hältst freundliche Reden an die Leute – ich würde das tun. Ich wäre die glücklichste Frau in Jackson, Mississippi.«

Ich nehme einen Schluck und blicke hinaus zu ›ihrer Ecke‹. Das Mondlicht erscheint stofflich, eine reine, dichte Masse, in welche Randstein und Gebäude eingefaßt sind.

Sie nimmt die Flasche. »Wirst du mir sagen, was ich tun soll?«

»Sicher.«

»Du bist dafür der Richtige, weil du nicht religiös bist. Gott ist nicht religiös. Du bist der unbewegte Beweger. Du brauchst weder Gott noch sonst jemanden: nichts spricht für dich, außer daß du der am meisten selbstbezogene Mensch auf Erden bist. Ich weiß nicht, ob ich dich liebe, aber ich glaube an dich und werde tun, was du mir sagst. Wirst du also, wenn wir heiraten, mir tagtäglich sagen, was ich zu tun habe?«

»Ja.«

Sie umarmt mich heftig. Aber ich habe es vorausgewußt: bald danach ermattet der Glanz der Schönheit, und es kommt die Stunde der Angst. Nach einer neuerlichen Expedition zum Waschraum steht Kate schwankend neben mir, während der »Sieur Iberville« durch das nördliche Mississippi braust. Die Frühlingslandschaft bleibt hinter uns, und westwärts steht der Mond gelb über winterlichen Äckern, die uralt-schwärzlich und spukhaft sind wie Schlachtfelder.

Kate stöhnt und klammert sich an mich. »Gehn wir zu deinem Abteil.«

Das Bett ist schon gemacht. Wir legen uns darauf. Voll Zuneigung umarme ich sie und sage ihr, daß ich sie liebe. Sie mißversteht mich: »Keine Liebe, bitte.« Darauf bin ich es, der sie mißversteht, und lasse sie los.

»Nein, nein. Du sollst mich auch nicht lassen«, sagt sie, indem sie mich festhält und still betrachtet. Die schwarzen stachligen Augen sind ganz auf mich gerichtet, doch ohne mich wirklich wahrzunehmen. Lippenbeißend, auf eine Hand gestützt, läßt sie die andre schwer auf mich fallen, als sei ich ihr Kumpel.

»Neulich sage ich zu Merle: Was hielten Sie eigentlich von einer kleinen Ausschweifung? Er mißverstand mich und kam mit dem Spruch von einer reifen und zärtlichen Beziehung zwischen Erwachsenen etc. Ich sagte, nein, Merle, Sie verstehen mich falsch. Ich rede vom schlichten alten Affenzauber, wie in dem Comic-Heft, das eins der Mädchen meiner Mutter mir letzte Woche zeigte: wo ›Tillie the Toiler‹ und ›Mac‹ – nicht die echte Tillie, sondern eine französische Version von Tillie – auf eine Büroparty gehen, und Tillie hat ein kleines Techtelmechtel mit Mac im Lagerraum und wird erwischt von ›Whipple‹. Ich erzählte also Merle davon und sagte: Das ist es, was ich meine – wie wär's denn mit so was?«

»Und was hat Merle geantwortet?«

Kate hört nicht. Sie trommelt mit den Fingern auf das Fensterbrett und starrt hinaus auf die vorbeisausenden Baumwipfel.

»Wenn alles gesagt und getan ist, dann ist das doch das Wahre, oder? Gib es zu. Du und die kleine Honduranerin mit ihrem kleinen Heft, am hellen Morgen, in der Wäschekammer im zweiten Stock, bei den Besen und Eimern –«

»Es ist deine Honduranerin, und dein Comic-Heft.«

»Du wirst jetzt Folgendes tun: du verschwindest und kommst in genau fünf Minuten zurück, als großer garstiger Whipple.«

Lieber Rory Calhoun: ich werde die schmerzhafte Wahrheit sagen müssen. Weder habe ich dir nachgeeifert, der du Debbie Reynolds in dein Bett steckst, dich dann selber, in einer Tugendgeste, die so gewinnend wirkt, wie sie grausam aussehen soll, mit Polster und Leintuch ins Wohnzimmer verziehst, dort im Dunkeln mit hinter dem Kopf verschränkten Armen auf dem Sofa liegst, zur Decke hinaufstarrst und durch die offene Tür Debbie von deinen Hoffnungen und Träumen erzählst – noch habe ich gehandelt wie ein anderer Held: auch er ein Sucher, eine Art Pilger, der gerade von Guanajuato oder Sambuco kommt, wo er das Wirkliche-Wahre gefunden hat, oder aus Ostasien, wo er gelernt hat, ein Weiser zu sein, und ein Meister auf dem Siebenten Weg zur Siebenten Glückseligkeit geworden ist – andrerseits aber auch kein Verächter der diesseitigen Welt, so daß er, wenn eine Maid an sein Bett tritt, das Herz voll Sehnsucht nach ihm, sein Buch in gutem heiterem Geiste weglegt und ihr eine so fröhliche Zeit bereitet, wie sie es nur wünschen kann, worauf er, nachdem sie in einen so sanften Schlummer gefallen ist wie Scarlett O'Hara am Morgen von Rhett Butlers Rückkehr, sein Buch wieder aufnimmt und gleich wieder auf dem Weg ist.

Nein, Rory, keins von beidem habe ich getan. Wir haben keins von beidem getan. Wir taten kaum etwas, wir taten fast gar nichts. Die Wahrheit ist: ich war verängstigt von Kates Wahnwitz, der nicht einmal hurenhaft, sondern bloß theoretisch war. Ich vermute, ich bin an meine errötenden kleinen Lindas aus Gentilly gewöhnt. Auch Kate war durcheinander: selbst Tillie the Toiler war also ein Fehlschlag. Wir zitterten. Nie in meinem Leben war ich dabei so finster entschlossen. Ich hatte keine Wahl: die Alternative war unaussprechlich. Die Christen reden vom Schrecken der Sünde, aber sie haben etwas übersehen. Sie reden daher, als sei jedermann ein großer Sünder, während das heutzutage kaum zu schaffen ist. In den Tiefen der Malaise gibt es sehr wenig Sündigkeit. Es ist vielleicht der schönste Augenblick im Leben eines Malaisianers, wenn es ihm gelingt, zu sündigen wie ein richtiger Sterblicher.

3

Meine Ahnungen betreffend Chicago waren gerechtfertigt. Kaum steigen wir aus dem Zug – und schon stößt, wie ein Bussard, der Geist der Stadt hernieder und setzt sich mir auf die Schultern. Während unseres kurzen Aufenthalts bleibe ich ohne Unterlaß in seiner Gewalt. Der Aufenthalt dauert sogar kürzer als geplant; denn er wird jäh abgebrochen durch das Ereignis vom Montagabend, dem Abend nach unserer Ankunft. Vor dem Ereignis aber stehe ich den ganzen Tag gedankenversunken, blinzelnd und grübelnd, an Straßenecken. Kate paßt auf mich auf. Sie ist seltsam heimisch in der Stadt, ganz und gar unzugänglich für die persönlichen Strahlen von fünf Millionen Einheimischen und ihren besonderen Geruch, den ich notgedrungen einatme und dessen Gefangener ich werde, noch vor dem ersten Schritt aus dem Bahnhofsgebäude. (Wenn mich nur jemand aufklärte über diesen verdammten Bahnhof: mir die Vorfälle beim Bau mitteilte, den Namen des Erbauers, Details von dem Gerangel zwischen den Stadtvertretern und der Eisenbahngesellschaft, so daß ich nicht diesem fremden Ort zum Opfer fiele, gleich mit der ersten falschen Bewegung. Für jede Ankunft sollte es einen Stand geben, besetzt mit einem alltäglichen Menschen, dessen Aufgabe es ist, die Fremdlinge zu begrüßen und ihnen kleine, hilfreiche Beispiele vom lokalen Raum-Zeit-Verhältnis zu geben – ihnen etwa von seinen Schwierigkeiten auf der Highschool zu erzählen und eine Prise Erde zuzustecken –, damit der Fremde bewahrt wird vor der Unwirklichkeit.) Kate kümmert sich geradezu aufgeregt um mich, als hätte sie in mir eine heulende Leere erblickt und wollte diese vor der Welt verstecken. Unversehens ist sie ein normales Stadtmädchen, eine von vielen unbedarften, olivhäutigen, formenreichen Südländerinnen, die die Straßen und Untergrundbahnen des Nordens bevölkern.

Eins nur tröstet mich: ich sehe, daß ich mich nicht geirrt habe: Chicago entspricht genau meiner Erinnerung. Ich bin vor fünfundzwanzig Jahren zum ersten Mal hier gewesen. Mein Vater nahm Scott und mich mit zur Weltausstellung, und später noch einmal zu den Baseball-Meisterschaftsspielen. Von der ersten Reise ist mir nur eins geblieben: die Empfindung von dem Ort, das Flair des Geistes, den jeder Ort hat, oder er ist kein

Ort. Ich hätte mich täuschen können: es hätte nicht die Erinnerung an einen Ort, sondern die Erinnerung an die Kindheit sein können. Doch mit dem ersten Schritt in den hellen Märztag hinaus ist er da, allgegenwärtig, der Geist, den man mit jedem neuen Schritt meistern muß – oder er meistert einen. Ein einziges Mal hat sich der Geist eines Ortes als zu stark für mich erwiesen: der Geist von San Francisco. Hügelauf, hügelab verfolgte ich ihn, verfehlte ihn und wurde verfolgt, von seiner Gegenwart, einem Gestäube von Herbstgold, einer zitternden Helligkeit, die ins Herz schnitt – welche Traurigkeit schließlich, an den Ozean zu kommen, das »Land's End«, das Ende von Amerika. Nur ein Südstaatler kennt die würgende leere Traurigkeit der nördlichen Städte. Er, der alles von den Ortsgeistern weiß und an Spukstätten wie Shiloh, und »The Wilderness«, und Vicksburg und Atlanta zu Hause ist, wo die Geister der Heroen sich auch bei Tag draußen ergehen und wirklicher sind als die Lebenden, weiß, was ein Gespenst ist, und spürt den jeweiligen Ortsgeist auf den Schultern, kaum daß er in New York, Chicago oder San Francisco aus dem Zug steigt.

Chicago: genau wie vor fünfundzwanzig Jahren erscheinen die schweren, vierschrötigen Hochhäuser zufällig hingesetzt, in weiten Abständen – Monumente auf einer großen, windigen Ebene. Und erst der See! Der Lake Pontchartrain in New Orleans ist ein ruhiges Wasser, das glitzernd in einem lieblichen Tiefland liegt. Doch der Michigansee hier ist der Norden selber: eine Stätte der Gefahr, von der die geisterhaften Winde alarmschrillend herangebraust kommen.

Der Wind und der leere Raum – sie sind hier der örtliche Geist. Und wie kann ich über variable Stiftungen nachdenken, wenn mir dieser Geist von Chicago auf den Schultern sitzt?

Der Wind bläst beständig vom See her und entrückt den Raum, scheuert jeden Inch der Pflastersteine und der kalten steinigen Hochhaus-Fronten. Er fährt zwischen den Gebäuden nieder und trägt sie hinweg in Atmosphärenfelder aus Licht und Luft. Die Luft wird von dem Wind geschliffen zu einer Linse, die vergrößert, verschärft und zum Schweigen bringt – alles ist zum Schweigen gebracht in dem Röhren und Wühlen des Nordwinds. In dieser Stadt beneidet niemand die im Freien um den Wind und den Himmelsraum. Der Himmel des Mittleren Westens ist der nackteste, einsamste Himmel in Amerika. Um ihm zu entkommen, bleiben die Leute in den Häusern und unter der Erde. (Mein Vater nahm mich damals in eins dieser Monumente mit, um mir den Pool zu zeigen, wo Johnnie Weissmüller zu schwimmen pflegte – ein hallender unterirdischer Raum, in den kaltes graues Licht von hoch oben auf die muskulösen Männer fiel, die da mit Metallscheiben schwammen und deren Geschrei von den nassen Fliesenwänden verstärkt wurde.)

Ein paar Jahre später, nach Scotts Tod, besuchten mein Vater und ich das Field-Museum, eine langgestreckte, triste Säulenarchitektur, die gleichsam in den sausenden leeren Raum entschrumpfte. Drinnen standen wir vor einem Tableau von Steinzeitmenschen (Vater, Mutter und Kind um eine künstliche Feuerstelle hockend, in einer Haltung bedrohlicher Ruhe), bis ich den Blick meines Vater auf mir spürte, mich umdrehte und sah, was er von mir erwartete (ganz speziell »Vater und Sohn« waren wir in jenem Sommer, auf das vollkommene Einverständnis war er aus) – und ich, in seinen Augen die monströse Forderung sehend, sehend, wie er von mir sein eigenes Leben erflehte, wies ihn ab, drehte mich weg, verweigerte mich ihm, aus kindlichkaltem Ungefühl oder aus einem atavistischen Zurückschrekken vor einer zu großen Intimität.

Also gewappnet gegen den Geist von Chicago, nehmen wir die Stadt zunächst im Schwung, ohne einen Moment von Malaise. Kate ist guter Dinge. Wir fahren geradewegs zum Stevens

Hotel, um uns für die Zimmer und die Freie Runde einzutragen – und da steht Sidney am Empfangstisch, heftet mir ein Namensschild aus Plastik an den Rockaufschlag und drängt mich auch schon stiegenaufwärts in einen blauen Ballsaal, so daß Kate und Margot mit seltsam starren Gesichtern zurückbleiben.

»Was soll das, Sidney?« sage ich verschreckt und fange zu schwitzen an. Mein einziger Gedanke: hinaus ins Freie, für drei Drinks in der nächsten Bar. In diesem blauen Verlies sind wir hilflos gegen den Geist von Chicago. »Ich habe geglaubt, bis morgen ist gar nichts los.«

»Das hier ist auch nur die ›Hot-Stove‹-Liga.«

»Guter Gott, was ist das?« frage ich schwitzend.

»Wir machen uns miteinander bekannt, reden über das vergangene Jahr und hecheln die Pleiten durch.«

Tatsächlich steht da mitten im Raum ein hoher, breitbäuchiger Ofen aus rotem Zellophan. Kellner tragen Martini-Tabletts vorbei, und ein Orchester spielt »Getting to Know You«.

Die Delegierten sind sympathische Leute. Im Nu bin ich im Gespräch mit einem halben Dutzend junger Männer von der Westküste und schließe sie sofort ins Herz – besonders einen, einen großen, schüchternen Menschen aus Spokane namens Stanley Kinchen, samt seiner schönen Frau (weizengelbes Haar, größer als Sharon, Lippen gebogen wie Rosenblätter, Kopf königlich zurückgeworfen, gewaltiges Funkeln in den Augen). Was für umgängliche Gestalten das sind. Es ist überhaupt nicht arg, ein Geschäftsmensch zu sein, bei dem Geist von Vertrauen und Zusammenarbeit, den man hier spürt. Alle Welt witzelt über solche Dinge – aber wenn Geschäftsleute einander nicht vertrauten und ihre großen Projekte nicht im guten Glauben aneinander in Gang setzen könnten, würde unser Land morgen Bankrott machen und nicht besser dastehen als Saudi-Arabien.

Es wird mir klar, daß jemand wie Stanley Kinchen tatsächlich alles für mich täte (so wie ich für ihn). Als ich Kate als meine Verlobte vorstelle, zieht sie den Mund herunter. Ist sie angewidert von mir oder von all den freundlichen Leuten, meinen Geschäftskollegen? Ich komme nicht dahinter.

Kinchen fragt mich, ob ich an der Freien Runde teilnehmen werde. Er ist ziemlich nervös. Wie sich herausstellt, ist er der Programmleiter, und jemand hat ihn im Stich gelassen.

»Tun Sie mir einen Gefallen? Könnten Sie einen Zehn-Minuten-Beitrag über Verkaufsförderung improvisieren?«

»Selbstverständlich.« Wir schütteln einander die Hände als gute Freunde. – Aber ich muß weg, Sympathie hin oder her. Ehrlich gesagt: zu viel Gemeinschaftsgefühl macht mich nervös. Noch ein paar Augenblicke, und der Ballraum wird bedrückend sein. Der Zellophanofen hat bereits unheilvoll zu glimmen angefangen.

»Ich muß zu Harold Graebner«, sage ich zu Kate.

Ich erwische ihre Hand, und wir schlüpfen hinaus, zunächst ins gefährliche Freie, und finden dann Zuflucht in der winzigsten Bar im geschäftigsten Block des Loop Distrikts – und hier sehe ich Kate deutlich, sehe überhaupt zum ersten Mal deutlich, seit ich, verwundet in einem Graben, einen orientalischen Finken beobachtete, der zwischen den Blättern scharrte: eine ruhige kleine Gestalt ist sie, eine zähe kleine Stadtkeltin, eher noch eine Rachel, eine dunkle kleine Rachel, auf der Heimfahrt nach Brooklyn in der Subway. Voll Eifer sucht sie auf der Karte Harolds Adresse; zählt die Barrechnung nach. Wir lassen uns Zeit; genehmigen uns sechs Drinks in zwei Bars, fahren mit verschiedenen Bussen, kreuzen hundert Blocks, passieren Millionen von Seelen und erreichen endlich eine Gegend mit Namen Wilmette (die, wie sich herausstellt, weil ohne Geist, gar keine Gegend ist), wo Harold Graebner lebt, die einzige mir bekannte

Seele im ganzen Mittleren Westen. Ihn, die eine Seele unter fünf Millionen, müssen wir treffen und begrüßen, ihm müssen wir Glück wünschen und Lebewohl sagen – wie sonst sollen wir uns vergewissern, daß wir überhaupt hier sind? –, bevor wir wieder entschwinden in die Wirrnis der Stadt, die so unfaßbar unter dem brausend-leeren Himmel des Mittleren Westens liegt.

Fröhlich wie Sperlinge steigen wir aus dem Bus und schwirren durch Wilmette. Ganz nah gehen die noblen Mädchen des Mittleren Westens an mir vorbei, mit ihren klaren Augen und den wunderbaren Hinterteilen, ohne daß ich sie auch nur momentlang begehre. Rory: Welch eine Erfahrung, auf einmal davon frei zu sein. Wie krank ist dieser nachchristliche Sex. Etwas anderes wäre es, ein ungezwungener Heide in einer rosigen alten heidnischen Welt zu sein, oder ein Christ, dem in seinem neuen Leben der Sex gar nicht mehr not täte. Aber weder Heide noch Christ zu sein, sondern DAS: Rory, DAS ist Krankheit. Denn da kreuzen sich zwei Träume: jeder will netter als ein Christ sein und zügelloser als ein Heide; sowohl »Ozzie und Harriet«, die Vorbildlichen, als auch das Tier mit den zwei Rükken.

Harold wohnt in einem hübschen Neubau in einer neuen Vorstadt, noch hinter Wilmette. Er hat von seinem Vater einen Glashandel im südlichen Chicago übernommen und ist dabei tatsächlich reich geworden. Jedesmal zu Weihnachten schickt er eine Karte mit einem Photo von Frau und Kindern und einer Anmerkung wie: »Fünfunddreißigtausend netto in diesem Jahr – ist das etwa nichts?« Wer Harold kennt, weiß, daß das nicht als Prahlerei gemeint ist. Es ist eine gute Neuigkeit von einem freundlichen, einfachen Menschen, der sein gütiges Geschick nicht fassen kann und einem deshalb davon erzählen muß. »Also, ist das etwas?« pflegt er zu fragen und mit den erhobenen Händen babyhaft zu fuchteln.

Ich verstehe ihn. Jedesmal, wenn American Motors um zwei Dollar steigen, packt mich die gleiche warme Freude.

Kate und ich haben es eilig, unsere Streifzüge wieder aufzunehmen, und bleiben nur ganz kurz bei Harold. Wie schon gesagt, liebt er mich, weil er mir das Leben gerettet hat. Ich liebe ihn, weil er ein Heros ist. Meine Bewunderung für Helden ist uneingeschränkt, und Harold ist ein Held. Er hat das »Distinguished Service Cross« gekriegt für eine Patrouillenaktion im Chongchon-Tal. Wenn ich ihn zugleich einen »untypischen Helden« nenne, meine ich nicht, daß er ein unscheinbarer Mann wie Audie Murphy ist – Murphy ist ein Held und gibt sich auch wie ein Held. Harold dagegen ist zuinnerst unheroisch – so sehr, daß man seinen Heroismus für eine Verschwendung halten muß. Gar nicht verschwiegen, was seine Kriegserlebnisse betrifft, spricht er davon derart banal und grob, daß seine Erfahrungen enttäuschend klingen. Mit seiner rüsselähnlichen Nase, dem welligen Haar, das erst weit hinten auf dem Schädel anfängt, und seinem Singsang erinnert er an einen Teilnehmer in dem TV-Quiz »I Bet Your Life« mit Groucho Marx.

G. Marx: »Lieutenant, ich wette, Sie waren froh, in jener besonderen Nacht den Nebel kommen zu sehen.«

Harold (seltsam zickig, im Singsang): »Mr. Marx, ich glaube, ich kann wahrheitsgemäß sagen, das war das einzige Mal, wo es mir nichts ausmachte, daß mir etwas nebelhaft war.« (Er blickt im Auditorium umher.)

G. Marx: »He, ich bin es, der hier die Witze macht!«

Harolds Frau ist eine dünne, etwas krumme Person mit einem schönen Gesicht. Sie steht ein wenig abseits, ihr Baby, meinen Patensohn, in den Armen, zögernd zwischen dem Wohnzimmer und einer halbinselförmigen Bartheke; sie will uns wohl auffordern, wir sollten uns doch hier oder dort niederlassen, tut aber keins von beiden. Ich denke die ganze Zeit daran, wie das dicke Baby an ihrem Hals sie ermüden muß. Als ich sie anblicke, erinnere ich mich, wie Harold in seinem Mittwestern-Idiom von Schönheiten wie Veronica Lake zu schwärmen pflegte: solcherart schön ist auch seine Frau, mit den blonden, sich an den Wangen herabringelnden Madonnenhaaren, den himmlisch blauen Augen und dem krummen Rücken, aus dem die Schulterblätter vorstehen wie Flügel.

Harold geht auf und ab, beide Arme erhoben in der Babyhaltung, die er gewöhnlich beim Reden einnimmt, und im Hintergrund steht die Madonnenfrau, hin- und hergerissen zwischen uns und den Kindern drinnen am Fernsehgerät. Er aber freut sich, mich zu sehen. Er starrt mir mitten auf die Brust und wird von einer Empfindung bewegt, die er nicht benennen kann. Und schließlich kommt es ganz heftig über ihn: wie schön, jemanden wiederzusehen, mit dem man viel durchgestanden hat, aber auch: wie schmerzhaft. Aufgeregt geht er auf und ab, mit erhobenen Armen.

»Harold, was die Taufe betrifft –«
»Er ist gestern getauft worden«, sagt Harold abwesend.
»Jemand hat dich als Pate vertreten.«

Die Schwierigkeit: es findet sich kein Platz, wo wir zur Ruhe kommen könnten. Wir stehen vor der Theke, wie Schiffe in der Flaute.

Ich wende Harold den Rücken zu und erzähle Kate und Veronica, wie er mir das Leben gerettet hat; erzähle in scherzhaftem Ton, blicke mich höchstens kurz nach ihm um. Es ist zu viel für Harold: nicht meine Dankbarkeit, nicht seine Heldentat, sondern die jähe Begegnung mit einer Vergangenheit, die so furchtbar und glanzvoll war in ihrer Erz-Wirklichkeit – und so verloren wie ein in der Flut der Jahre abgedriftetes großes Schiff. Vergebens versucht Harold diese Zeit und die seltsamen zehn Jahre danach zu begreifen. Er schüttelt den Kopf.

»Seit wann lebst du hier, Harold?«

»Seit drei Jahren.« Er blickt mir weiter mitten auf den Brustkasten. Er kommt mit seinen Gedanken nicht zurecht, und so muß etwas geschehen. »Wie zäh bist du? Wetten, daß ich dich schaffe.« Harold war an der Northwestern-Universität in einem Ringerclub. »Ich könnte dich gleich hier auf die Schultern legen.« Meine Anwesenheit macht ihn tatsächlich wild.

»Fährst du täglich in die Stadt hinein?«

Harold nickt, ohne den Kopf zu heben.

»Wie kamst du in die Gegend hier?«

»Sylvias Familie wohnt in Glencoe.«

Harold möchte wirklich mit mir raufen, und nicht bloß zum Spaß. Indem ich gekommen bin, habe ich einen Schmerz in seiner Brust bewirkt, und er muß ihn und mich wieder loswerden.

Kurz darauf fährt er uns an die Vorortstation und braust weg in die Dunkelheit. »Eine eigenartige Familie«, sagt Kate und blickt den roten Ziertürmchen von Harolds Cadillac nach.

Zurück im Loop District, tauchen wir in den Mutterschoß aller Kinos ein, eine Art aztekische Grabstätte mit Begräbnisurnen und Reliefs, voll mit dem Geist früherer Zeiten, mit William Powell, George Brent, Patsy Kelly und Charley Chase, den besten Freunden meiner Kindheit. Wir sehen einen Film namens *The Young Philadelphians;* Kate hält im Dunkeln meine Hand.

Paul Newman ist ein idealistischer junger Mensch, der seine Illusionen verliert und zynisch wird. Aber am Ende entdeckt er seine Ideale wieder.

Draußen ist ein neuer Ton im Wind, ein dunkles Orgeln, das geradewegs aus den nördlichen Einöden kommt. Wir krabbeln zum Hotel zurück, jeder in sich selber versunken, zu kraftlos sogar, uns an den Händen zu halten. »Etwas wird passieren«, jammert Kate.

Es passiert auch etwas. Ein gelber Zettel wird mir über das Hotelpult gereicht: ich soll New Orleans anrufen. »Operator three«.

Das tue ich. Die Stimme meiner Tante spricht zur Vermittlung, und dann zu mir, ohne Änderung des Tons; kein einziger Unterton von Wärme oder Kälte, Liebe oder Haß mildert die Eintönigkeit ihrer Verlautbarung – und das ist unheilvoller als zehntausend Wirbelstürme.

»Ist Kate mit dir?«
»Yes ma'am.«
»Möchtest du wissen, wie wir euch gefunden haben?«
»Ja.«
»Die Polizei hat Kates Auto am Bahnhof gefunden.«
»Die Polizei?«
»Kate hat niemandem gesagt, daß sie wegwollte. Allerdings ist ihr Verhalten nicht unerklärlich und also nicht unentschuldbar. Deines aber wohl.«

Ich schweige still.

»Warum hast du nichts gesagt?«
»Ich weiß nicht mehr.«

4

Es ist unmöglich, am Vorabend des Mardi Gras ein Flugzeug nach New Orleans zu bekommen, und vor Dienstag morgen fahren keine Züge mehr. Aber Busse verkehren fast stündlich. Ich schicke meiner Tante ein Telegramm, rufe Stanley Kinchen an und entschuldige mich, daß mein Beitrag über Verkaufsförderung ausfallen muß. (Es macht nichts; der zuerst vorgesehene Sprecher ist wieder verfügbar.) Stanley und ich verabschieden uns mit einer Herzlichkeit, die spätere Begegnungen nur erschweren kann.

Um Mitternacht sitzen wir in einem Panoramabus. Er soll einen mehr östlichen Kurs nach New Orleans nehmen als der Illinois Central, den Wabash River entlang über Evansville und Cairo hinunter nach Memphis.

Gut, daß wir fahren: so hat die »Unerhörtheit« von Chicago die rechte Kürze. Kate ist vergnügt. Die Vorladung durch ihre Stiefmutter macht sie weder verdrossen noch ängstlich; sie fährt nach Hause, um die Gemüter zu beruhigen. In der Busstation schaut sie neugierig herum, zwischendurch immer wieder gewaltig gähnend. Im Bus schläft sie sofort ein und verschläft die ganze Strecke bis zum Ohio River. Ich döse schlecht und recht, und erwache endgültig mit dem Nahen der Dämmerung in den Außenbezirken von Terre Haute. Als es hell genug ist, nehme ich mein *Arabia-Deserta*-Paperback zur Hand und lese bis zum Frühstückshalt in Evansville. Kate ißt herzhaft, krabbelt zurück in den Bus, blickt kurz auf die schwarzen Wasser des Ohio River und auf die laublosen Auwälder, wo noch winterlich-violetter Nebel steht, und versinkt in einen tiefen Schlaf, mit offenem Mund, den Kopf an meiner Schulter.

Heute ist Mardi Gras, »der fette Dienstag«, aber in unserm Bus sind keine Karnevalsbesucher: zu späte Abfahrt von Chicago. Die Passagiere sind die alltägliche Mischung aus Schwiegermüttern, die in Memphis ihre Schwiegersöhne besuchen, Schullehrern und Telefonfräulein, die ihren Urlaub im »malerischen Vieux Carré« verbringen wollen. Das Oberdeck gleicht einer grünen Blase, wo die Leute sich von dem unten üblichen Schweigen entbunden fühlen; mit andern emporgeklettert, um die weite Welt und den blauen Himmel zu sehen, haben sie sozusagen das Losungswort gesprochen und bilden hier eine Gesellschaft für sich. Ich lasse also der mich immer mehr verdrängenden Kate meinen Platz für ihre Beine und unterhalte mich für den Rest der langen Tagesreise durch Indiana und Illinois und Kentucky und Tennessee und Mississippi mit zwei Passagieren, einem Romantiker aus Wisconsin, und dem Vertreter eines kleinen Handwerkbetriebs aus Murfreesboro, Tennessee (ihm ist in Gary das Auto zu Bruch gegangen).

Ich sitze vorn in der Blase, und wir brausen auf der Illinois-Seite des Mississippi südwärts, durch eine rußige schluchtenreiche Region, die nach Westen steil abfällt und an deren Hängen große Holzhäuser mit farbigen Fenstern und die Spitztürme polnischer Kirchen stehen. Ich lese:

»Im Zwielicht des Morgens stiegen wir bergan; aber noch lang nach Tagesanbruch schien der Himmel über uns verschlossen wie ein Grab, mit düsteren Wolken. Wir befanden uns inmitten von furchterregenden Lavabetten.«

Der Romantiker sitzt auf der andern Seite des Gangs, anmutig hingelagert, einen Fuß auf die Metallschiene gestützt. Er liest *Die Kartause von Parma*. Sein Gesicht ist wohlgeformt, aber der schmale Kopf, der vom breiten Kragen des Reisemantels aufragt, wirkt ein bißchen geckenhaft. Zwei Fragen beschäftigen mich: Wie sitzt er da? (In unvermittelter unbewußter Anmut oder in vermittelter, bewußter?) Und wie liest er *Die Kartause von Parma*? (Unvermittelt, als ein Mann, der eben Lust auf ein Buch hat, wie er Lust auf Pfirsiche haben könnte, oder mittelbar, als jemand, der glaubt, der Welt ein Bild von sich geben zu müssen, und also in einem Scenic-Bus szenisch hingelagert ein allgemein gutgeheißenes Buch liest? Posiert er bloß?)

Er ist ein romantischer Poseur. Seine Haltung ist das erste Zeichen: dieses ideale Hingelagertsein kann nicht echt sein.

Zudem: sowie er mich und mein Buch sieht, verkrampft er sich vor Scheu. Ich gehe zu ihm hinüber und frage ihn, wie ihm seine Lektüre gefällt. Einen Moment lang beäugt er mich, wie um sich zu vergewissern, daß ich kein Homosexueller bin. Dann schließt er das Buch und starrt angestrengt darauf, als wollte er ihm, durch das bloße Starren, sein Wesen entreißen. »Es ist – sehr gut«, sagt er endlich und errötet. Der Arme: schon hat er angefangen, an dem traurigen Spiel zu leiden, das ein romantischer Poseur mit sich selber spielt: indem er gerade auf das nicht eingeht, was ihm als Ideal vorschwebt. Denn genau eine Begegnung wie die jetzige schwebt ihm sonst vor: eine Zufallsbegegnung mit einem Zufallsfreund in einem zufälligen Bus, wo er endlich reden und von einigen großen Sehnsüchten erzählen kann. Nun hat er solch einen seltenen Bus-Freund vor sich – und bleibt stumm. – Man muß ihn systematisch ausfragen.

Er ist Seniorstudent an einem kleinen College im nördlichen Wisconsin, wo sein Vater Quästor ist. Seine Familie ist sehr stolz über die Schulerfolge der Kinder. Drei Schwestern haben bis in die Lebensmitte akademische Grade angehäuft. Jetzt am Ende des zweiten Trimesters hat er genug Pluspunkte für die Graduierung beisammen, und so ist er auf dem Weg nach New Orleans, um eine Zeitlang Bananen zu löschen und sich vielleicht der Handelsmarine anzuschließen. In Wirklichkeit hofft er, das kostbarste der kostbaren Mädchen zu treffen, auf das er aber so verzweifelt aus sein wird, daß er es, nach seiner eigenen Logik, niemals haben kann.

Es ist schwer, den romantischen Druck auf ihm zu erleichtern – am besten, man läßt ihn in Frieden. Er ist ein Kinogeher, obwohl er, natürlich, nicht ins Kino geht.

Der Vertreter kennt solche Probleme nicht. Wie viele Geschäftsleute ist er ein besserer Metaphysiker als der Romantiker. Zum Beispiel: er reicht mir ein Muster seiner Ware, eine einfache Elle blauen, gehärteten Stahls, geschärft zu einer zweischneidigen Klinge. Seine Hand kennt die Klinge und praktiziert die Metaphysik von der Güte des Stahls.

»Ich danke Ihnen sehr«, sage ich und nehme die warme Klinge an mich.

»Kennen Sie den Witz von alldem?«

»Nein.«

»Sie betreten das Geschäft –« (Er verkauft dieses Zubehör an Farmartikel-Läden) »– und fragen den Mann, wieviel seine Baumschere kostet. Er wird Ihnen einen Preis von zirka neuneinhalb Dollar nennen. Dann lassen Sie nur das da auf seinen Tisch fallen, sagen ›fünfunddreißig Cents‹, und Sie können nichts mehr falsch machen.«

»Wofür ist es denn gut?«

»Für alles. Rodungen, Torfstiche, Erbsen- und Bohneneinpflanzen, Setzlinge, alles. Dieses kleine Ding macht's.« Er hält die eine Hand gerade hinter die andre, und ich bekomme eine Vorstellung von den gespeicherten, geradezu legendären Eigenschaften der Schneide.

Wir sitzen im Heck, der Vertreter mit angezogenen Knien, die Fersen unter sich gezogen, den Arm wie einen Hebel aufs Knie gelegt. Er trägt schwarze Schuhe und weiße Socken, wegen seines Fußpilzes, und versucht ab und zu mit einem Finger das Jucken zu lindern. Mit Freuden redet er von seiner Schneide und von seiner Familie unten in Murfreesboro, die ganze Strekke bis Union City. Kein einziges Mal fragt er mich etwas, und das freut mich auch; denn ich wüßte nicht, was antworten. Als der Vertreter in Union City aussteigt, schwirrt mir der Kopf von Fakten über die Fünfunddreißig-Cent-Schneide. Es ist, als hätte ich mein ganzes Leben in Murfreesboro verbracht.

Die Canal Street ist dunkel und fast leer. Die letzte Parade, die Comus-Krewe, ist mit ihren schwankenden Festwagen und lodernden Fackeln schon lange die Royal Street hinunter. Die Straßenreiniger kehren Konfetti und Putz im Rinnstein zu feuchten Haufen zusammen. Der kalte Nieselregen riecht nach saurem Papierbrei. Nur noch ein paar Maskierte sind unterwegs: in spanisches Moos gehüllte schwankende Affen, Frankensteinische Monster mit Bolzen durch Hals und Nacken, und ein, zwei Gruppen aus der weiteren Umgebung, die untergehakt, sich herumdrehend und weitertreibend, zu ihren Wagen zurücktändeln.

Kate ist teilnahmslos und zerstreut. Sie schaut umher wie in einer fremden Stadt. Wir gehen zu Fuß unsere Autos holen, die Loyola Avenue hinauf.

FÜNF

I

»Ich gebe nicht vor, dich zu verstehen. Doch nach zwei verwirrten Tagen hat mir wenigstens gedämmert, was es ist, das ich nicht begreife. Es ist das Neuartige, das mich verwirrt hat. Du hast tatsächlich etwas Neues unter der Sonne entdeckt.«

Mittwoch morgen; meine Tante redet zu mir mit ungewohnter, unheilverkündender Sachlichkeit. Sie hat das Durcheinander ihrer Gefühle gemeistert und kann wieder die alten Formen von Zivilisiertheit und sogar Humor verwenden. Bedrohlich ist nur das Lächeln in ihren Augen, das gar eng und fein gezogen ist.

»Ist deine Entdeckung nicht die folgende? In der Vergangenheit haben sich doch alle Leute in schwierigen Situationen ähnlich verhalten, gut oder schlecht, mutig oder feig, anständig oder mittelmäßig, ehrbar oder ehrlos. Sie haben sich zu erkennen gegeben, indem sie Mut, Furcht, Verlegenheit, Freude, Trauer usw. zeigten. Jedenfalls ist das die Erfahrung seit zwei- oder dreitausend Jahren, nicht wahr? Deine Entdeckung, so wie ich das feststellen kann: Es gibt eine Möglichkeit, auf die noch keiner gekommen ist. Wer sich in einer kritischen Situation befindet, braucht überhaupt nicht eine der üblichen Haltungen einzunehmen – nein, er läßt sie schlicht unbeachtet, dreht sich achselzuckend um und verschwindet. Wie alle großen Entdeckungen: atemberaubend einfach.« Sie lächelt ein spöttisches Gerichtssaal-Lächeln, das mich an Judge Anse erinnert.

Das Haus ist an diesem Morgen wie immer. Derselbe Chorus von Motoren, Staubsaugern, Geschirrspüler und Waschmaschine summt und pocht durcheinander. Aus einer der oberen Regionen, mit einem Widerhall hinten im Stiegenhaus, kommt der gedämpfte Krach der Zimmermädchen, ein Geräusch, so zänkisch-vertraut wie der Spatzenlärm unter dem Dachvorsprung. Auch Onkel Jules war unverändert, ausgenommen die leichte Verlegenheit, mit der er mir auf der Veranda übertrieben weit auswich und kurz-betrübt einen guten Morgen wünschte (als sei so ein knapper Gruß schon seine äußerste Mißbilligung). Kate war nirgends zu sehen. Bis zehn kann man gewöhnlich meine Tante an ihrem Rollpult antreffen, wo sie Buch führt. Ich ging also zu ihr hinein und stand da, bis sie Notiz von mir nahm. Jetzt blickt sie her, hochaufgerichtet und stattlich wie der Schwarze Prinz.

»Es tut mir leid, daß du durch ein Mißverständnis oder meine Gedankenlosigkeit nicht von Kates Vorhaben, mit mir nach Chicago zu fahren, unterrichtet worden bist. Zweifellos war es meine Gedankenlosigkeit. Jedenfalls tut es mir leid, und ich hoffe, daß dein Zorn –«

»Du irrst dich. Es war nicht Zorn. Es war eine Entdeckung – die Entdeckung, daß jemand, auf den man gehofft hatte, plötzlich nicht da war.« Wir starren beide auf den Brieföffner hinunter, ein Leichtmetallschwert, das sie aus der Faust der behelmten Figur am Tintenstand gezogen hat. »Ich habe es mir vielleicht selber zuzuschreiben, daß du ein Fremder für mich bist. Es war dumm von mir, daß ich das nicht schon früher wahrhaben wollte. Denn jetzt bin ich überzeugt, daß du tatsächlich unfähig bist, dich um einen andern Menschen zu kümmern, Kate, Jules oder mich – nicht mehr als der Neger, der gerade draußen die Straße hinuntergeht – sogar weniger, denn er und ich haben wenigstens ein bißchen gemeinsam.« Sie scheint erstmals zu bemerken, daß die Spitze der Klinge verbogen ist. »Ich glaube, es ist dir gar nicht eingefallen, daß du ein heiliges Vertrauen mißbraucht hast, indem du dieses arme Kind auf eine solche Phantasiereise mitnahmst. Kannst du dir vorstellen, wie ich mich fühlte, als Kate kaum zwölf Stunden nach ihrem Selbstmordversuch spurlos verschwunden war?«

Ich antworte nicht. Ich versuche zwar mein Bestes, mich so zu zeigen, wie sie mich haben will: wenn schon nicht recht zu haben, so doch in einer klaren Form meinen Irrtum zuzugeben. Aber es fällt mir nichts ein, was ich sagen könnte.

Wir beobachten das Schwert, wie sie es über den Drehpunkt ihres Zeigefingers kippen läßt. Es klappert auf das Blechscharnier des Pults. Dann – so jäh, daß ich fast zusammenfahre – steckt meine Tante das Schwert in die Scheide zurück und legt die Hand flach auf das Pult. Sie dreht sie um, krümmt die Finger und studiert die Nägel, in die der Länge nach tiefe Rillen eingekerbt sind.

»Bist du mit Kate intim geworden?«

»Nicht sehr.«

»Ich frage dich noch einmal. Bist du mit ihr intim geworden?«

»›Intim‹ ist nicht ganz das Wort.«

»›Intim ist nicht ganz das Wort‹. Ich bin neugierig, was also das Wort ist. All die Jahre habe ich vorausgesetzt, daß zwischen uns die Worte im großen und ganzen dasselbe bedeuten – daß zwischen Leuten von Ehre ein gemeinsamer Bedeutungszusammenhang besteht, in dem Haltung und Anstand so natürlich funktionieren wie das Atmen. In den wichtigen Momenten des Lebens – Erfolg und Mißerfolg, Heirat und Tod – haben Leute unserer Art doch immer einen Instinkt für das rechte Maß besessen. Was immer wir sonst getan oder gefehlt haben – das war immer wirksam. Ich werde dir ein Geständnis machen. Ich schäme mich nicht, das Wort ›Klasse‹ zu gebrauchen. Noch in einem andern Anklagepunkt will ich mich schuldig erklären. Der Anklagepunkt: Leute meiner Klasse glaubten, bessere Leute zu sein. Verdammt richtig: wir sind besser. Wir sind besser, weil wir uns mit unseren Verpflichtungen nicht herausreden, weder auf uns selber noch auf andre. Wir lobpreisen nicht Mittelmäßigkeit um der Mittelmäßigkeit willen. Oh, ich weiß, daß man heutzutage viel Schmeichelhaftes über deinen wunderbaren gewöhnlichen Menschen hört – es war mir immer sehr aufschlußreich, daß er völlig zufrieden ist, so genannt zu werden, denn genau das ist er auch: gewöhnlich; gewöhnlich wie die Hölle. Unsere Zivilisation wird nicht wegen ihrer Technologie im Gedächtnis bleiben, nicht einmal wegen ihrer Kriege, sondern für ihre ungewöhnliche Ethik. Sie ist die einzige in der Geschichte, die die Gewöhnlichkeit zu einem nationalen Ideal verklärt hat. Andere waren korrupt; doch unsere Korruption ist die Gesichtslosigkeit. Keine Orgien, keine Blutströme in den Straßen, keine Babys, die von Klippen geworfen werden. Nein, wir sind sentimentale Leute, und wir entsetzen uns schnell. Wir sind netter denn je. Sowie an unsere Herzen gerührt wird: keine Prostituierte zeigte jemals quickere Gefühlsfloskeln. Es ist ja nichts Neues an den Diebereien, Lügen und Ehebrüchen; neu ist, daß heutzutage Lügner, Diebe und Ehebrecher auch noch beglückwünscht werden wollen, und von der Öffentlichkeit auch beglückwünscht werden, sofern ihre Konfession hinreichend psychologisch ist oder mit authentischer Aufrichtigkeit hinreichend einen Herzton trifft. Ich kenne heutzutage niemanden, der nicht aufrichtig ist. Wir sind die aufrichtigsten lauwarmen Laodizäer, die je das Abflußloch der Geschichte hinuntergeschwemmt worden sind.« Meine Tante dreht sich herum und schaut mir ins Gesicht, gar nicht ohne Humor. »Ich habe mein Bestes für dich getan. Mehr als alles andre wollte ich dir das besondere Erbe der Männer unserer Familie übermitteln: einen gewissen Geist, eine Heiterkeit, einen Sinn für Pflicht, eine unauffällige Nobilität, eine Sanftmut, eine Herzensfreundlichkeit im Umgang mit Frauen. Erklär mir nur eins: Wie ist es gekommen, daß dir nichts von dem allen jemals etwas bedeutet hat?«

Ich kann nicht von dem Schwert wegschauen. Vor Jahren habe ich versucht, eine Lade zu öffnen, und dabei die Spitze verbogen. Auch meine Tante schaut hin. Faßt sie Verdacht?

»Es ist nicht wahr, daß nichts von dem, was du aufgezählt hast, mir jemals etwas bedeutet hat. Im Gegenteil: nie habe ich auch nur eins deiner Worte vergessen. Ich habe tatsächlich das ganze Leben darüber nachgedacht. Meine Einwände – genaugenommen gar keine Einwände – können nicht auf die übliche Art ausgedrückt werden. Wahr ist, daß ich sie überhaupt nicht ausdrücken kann.«

»Bereust du, wie du dich zu Kate verhalten hast?«

»Bereuen?« Bereuen. Ich hebe eine Augenbraue. »Ich glaube nicht.«

Meine Tante nickt feierlich, fast zufrieden, in ihrer richterlichen Art. »Du wußtest, daß Kate suizidär war?«

»Nein.«

»Hätte es dir etwas ausgemacht, wenn Kate sich umgebracht hätte?«

»Ja.«

Langes Schweigen. Dann fragt sie: »Sonst hast du nichts zu sagen?«

Ich schüttle den Kopf.

Mercer macht die Tür auf, schnüffelt kurz und zieht sich sofort zurück.

»Dann erzähl mir eins. Ja, erzähl!« sagt meine Tante und wird lebhaft, als sei sie endlich zum Kernpunkt gekommen. »Es ist das letzte, was ich wissen will. Ich setze voraus, daß wir beide deine Sorgepflicht für Kate anerkennen. Vielleicht war meine Voraussetzung ein Irrtum. Aber ich weiß, daß du wußtest, daß sie Tabletten nahm. Das ist doch richtig?«

»Ja.«
»Wußtest du, daß sie während dieser Reise Tabletten nahm?«
»Ja.«
»Und du tatest, was du tatest?«
»Ja.«
»Das ist alles, was du zu sagen hast?«
Ich schweige. Mercer stellt das Bohnerwachsgerät an. (Dafür wollte er die Erlaubnis holen.) Draußen auf der Straße ein Ausruf: ich erblicke den Schwarzen, von dem meine Tante geredet hat. Es ist Cothard, der letzte der Rauchfangkehrer, ein seltsamer bläulich-schwarzer Neger mit Gehrock und eingedelltem Zylinder, auf der Schulter ein Bündel Palmblätter und Besenstroh. Wieder sein Ruf: »*Ramonez la chiminée du haut en bas!*«
»Eine letzte Frage: woran hast du all die Jahre gedacht, wenn wir gemeinsam Musik gehört, den *Kriton* gelesen und miteinander geredet haben – oder habe ich allein geredet? – von Güte, Wahrheit, Schönheit und Edelmut?«
Noch ein Ausruf, und der *ramoneur* ist vorbei. Ich habe nichts zu sagen.
»Liebst du diese Dinge denn nicht? Lebst du ihnen nicht nach?«
»Nein.«
»Was liebst du? Wofür lebst du?«
Ich schweige.
»Erklär mir, was ich mit dir falsch gemacht habe.«
»Du hast nichts falsch gemacht.«
»Was hältst du für den Zweck des Lebens – ins Kino gehen und mit jedem Mädchen schäkern, das daherkommt?«
»Nein.«
Ein Hauptbuch liegt offen auf ihrem Pult, eines von den altmodischen mit marmoriertem Deckel, in dem sie immer Rechnung geführt hat über ihre Besitztümer (Tankstellen, Kanadi-

sche Minen, Patente – die besonderen Vermögensanhäufungen eines Arztes), die ihr geblieben sind vom alten Dr. Wills.« »Gut.« Sie schließt es brüsk und lächelt zu mir auf, ein Lächeln, das mehr als alles Vorangegangene ein Ende markiert. Lächelnd reicht sie mir die Hand, in ihrem Partystil. Daß sie dabei meinen Namen nicht nennt, kennzeichnet meinen neuen Status am besten. So könnte sie auch irgendeinen Frühjahrsfiesta-Touristen anreden, den sie zufällig in ihren eigenen Wohnräumen trifft.

Wir gehen an Mercer vorbei, der ehrerbietig an der Wand lehnt. Er nuschelt einen Gruß, wobei er mit außerordentlicher Berechnung seine Zuneigung zu mir ausdrückt und zugleich seine Verbundenheit mit meiner Tante erklärt. Aus den Augenwinkeln sehe ich noch, wie er flink ins Eßzimmer hopst, sprühend von guter Laune. Wir stehen auf der Veranda.

»Ich danke dir so sehr, daß du vorbeigekommen bist«, sagt meine Tante, die Finger am Halsband, und schaut an mir vorbei zum Vaudrieul-Haus.

An der Ecke ruft mich Kate an. Sie beugt sich in meinen MG und stopft sich die Bluse hinein, munter wie eine Stewardeß.

»Du bist blöd«, sagt sie, mit einem böswilligen Blick. »Ich habe alles gehört, du armseliger, blöder Kerl.« Dann denkt sie offenbar an etwas andres und trommelt mit den Nägeln auf die Windschutzscheibe. »Fährst du jetzt nach Hause?«

»Ja.«

»Wart dort auf mich.«

2

Ein düsterer Tag. Gentilly wird durchpulst von meinem Verlangen und einem Ostwind aus Chef Menteur.

Heute ist mein dreißigster Geburtstag, und ich sitze auf dem Ozeanwellen-Karussell im Schulhof, warte auf Kate und denke an nichts. Im einunddreißigsten Jahr meiner dunklen Pilgerreise auf dieser Erde weiß ich weniger als je zuvor. Nichts habe ich gelernt, als Merde zu erkennen, wenn ich sie sehe; nichts sonst habe ich von meinem Vater geerbt als eine gute Nase für jede Spezies der umlaufenden Scheiße. Es ist mein einziges Talent, die Merde zu riechen, wo auch immer, in diesem wahren Jahrhundert der Merde, dem großen Scheißhaus des wissenschaftlichen Humanismus, wo die Bedürfnisse befriedigt sind, jedermann eine warmherzige und kreative Person wird und prosperiert wie ein Mistkäfer, und die Leute tot-tot-tot sind, und die Malaise sich niedergelassen hat wie radioaktiver Niederschlag, und die Angst der Leute nicht die Bombe ist, sondern das Ausbleiben der Bombe ... Und da, dreißig Jahre alt geworden, weiß ich gar nichts, und nichts bleibt mir als das Verlangen.

Nichts bleibt übrig als das Verlangen, und es kommt die Elysian Fields heruntergebraust wie ein Mistral. Meine Suche habe ich aufgegeben; sie ist meiner Tante nicht gewachsen, ihrem Richtertum, und ihrer Verzweiflung über mich und über sich selber. Sooft ich nach einem ihrer seriösen Gespräche von ihr weggehe, bin ich heiß auf eine Frau.

Nach fast einer Stunde Warten auf der Ozeanwelle halte ich es nicht mehr aus. Was ist los mit Kate? Sie hat mit meiner Tante geredet und mich fallenlassen! – Also kann ich nur noch Sharon im Büro anrufen. – Die kleine Telefonpagode aus Aluminium und Glas, die auf dem Zwischenstreifen der Elysian Fields mitten im Verkehrslärm steht, ist schmuck und ordentlich von außen, übelriechend innen. Indem ich mich langsam rundum drehe, sehe ich die hingekritzelten Verse und die tristen Zeichnungen einsamer Liebender und höre, während das Telefon schrillt, in den Pausen den eigenen Atem, als stünde mein eigenes Selbst sprechunwillig neben mir. Niemand hebt ab. Hat sie gekündigt?

Jenseits der Straße sind inzwischen ein paar Kinder auf den Spielplatz gekommen; zwei große Buben schieben ihnen die Ozeanwelle an. (Sonst fahren die kleinen Kinder nur mit dem üblichen Ringelspiel, das knapp über dem Boden steht und einen fixen Kreis beschreibt.)

Rory – ich muß sie auftreiben. Jetzt ist es gewiß: Kate ist überzeugt, daß meine Tante recht hat – nur noch Sharon ist übrig. Der Ostwind bläst durch die Dachkanten der Pagode und drückt das Glas gegen die Verschienung. Ich versuche es in ihrem Apartment. Sie ist ausgegangen. Aber Joyce ist da, die Joyce-im-Fenster, Joyce mit der Wildlederjacke.

»Hier ist Jack Bolling, Joyce«, sagt eine Stimme wie aus dem alten Virginia.

»Well well.«

»Ist Sharon da?«

»Sie ist ausgegangen, mit ihrer Mutter und Stan.« Joyce' Stimme hat einen Mittwestern-Einschlag. »Ich weiß nicht, wann sie zurück sein wird.« Sie klingt wie Pepper Youngs Schwester.

»Welcher Stan?«

»Stan Shamoun, ihr Fiancé.«

»Ja, richtig.« Was ist richtig? Sie hat nicht nur gekündigt. Sie heiratet den Levantiner. »Und Sie? Steht auch bei Ihnen eine Hochzeit bevor?«

»Wie bitte?«

Die beiden Großen auf dem Spielplatz haben die Ozeanwelle in so schnelle Bewegung versetzt, daß sie aufspringen können.

Sie halten die Geschwindigkeit, indem sie sich in den niedrigen Phasen vom Boden abstoßen. Die trockene Muffe quietscht und knarrt an ihrer Stange wie entfernte Katzenmusik, und die Kinder umklammern die Eisenstreben und betrachten mit zurückgelegten Köpfen die wirbelnde Welt.

»Joyce, ich möchte offen mit Ihnen sein –« (Die Virginia-Stimme tönt mir im Ohr, während ich selber still bin.)

»Bitte. Ich mag offene Menschen.«

Marlon Brando, alter Verbündeter: heiser und einschmeichelnd ist die Stimme, voll von Andeutungen und Zweideutigkeiten, und genießt vor allem sich selber. »Manche würden es vielleicht für unkonventionell halten, aber ich werde es Ihnen auf jeden Fall sagen: ich weiß, Sie erinnern sich nicht, doch ich habe Sie am letzten Samstag gesehen –« (Zu viel für die eigenen Ohren.)

»Natürlich erinnere ich mich!«

»– und seitdem möchte ich Sie treffen.«

Um und um dreht sich die Ozeanwelle und quietscht ihre Katzenmusik; schwingt jetzt so weit aus, daß sie dann mit der inneren Stoßstange den Mast rammt und derart heftig herumruckt, daß die Kinder wie ums liebe Leben die Eisenstreben umklammern.

»Ich bin im Moment nur zum Lunch zu Hause«, sagt Joyce. »Aber kommen Sie doch Samstag abend. Ein paar von uns werden da sein. Wir könnten vielleicht alle zusammen einen Film mit Pat O'Brien anschauen gehen.«

»Streichen Sie das ›vielleicht‹.«

Ein wäßriger Sonnenstrahl bricht durch den Rauch von Chef Menteur und färbt den Himmel gelb. Die Elysian Fields gleißen wie ein Faß Schwefel; der Spielplatz wirkt, als hätte er allein den Weltuntergang überlebt. Dann sehe ich Kate; der ruppige kleine Plymouth kommt an den Bushaltestand gerollt. Sie sitzt am Steuer wie ein Bomberpilot, blickt kurz zu den Kindern, ohne sie wahrzunehmen, und könnte mein Doppelgänger sein, rußäugig, im Nirgendwo.

Lange Zeit habe ich insgeheim auf das Ende der Welt gehofft. Mit Kate, meiner Tante, Sam Yerger und vielen andern habe ich geglaubt, daß erst nach dem Ende die paar Überlebenden, nachdem sie aus ihren Löchern gekrochen sind, sich als sich selber entdecken und fröhlich wie Kinder zwischen den umrankten Ruinen leben würden. – Und jetzt: Ist es möglich? – Ist es möglich, daß nichts zu spät ist?

Quietschend spielt die Ozeanwelle ihre Petruschka-Musik; die Streben blinken im Goldlicht, und der Saum schwingt hin und her wie bei einer jungen Tänzerin.

»Ich komme sehr gern, Joyce. Kann ich meine eigene Fiancée, Kate Cutrer, mitbringen? Ich möchte, daß Sie und Sharon sie kennenlernen.«

»Aber sicher«, sagt Joyce in einer speziellen Mittwestern-Nachäffung ihrer Zimmergenossin. Offen gesagt, klingt sie erleichtert.

Der Spielplatz ist verlassen. Jetzt erst merke ich, daß auch die Schule leer steht. Der Verkehr rauscht die Elysian Fields entlang; Vogellärm in den Kampferbäumen. Ab und zu biegen Leute beim Schultor ein, aber ihr Ziel ist die Kirche nebenan. Zuerst vermute ich eine Hochzeit oder ein Begräbnis; doch es herrscht ein stetiges Kommen und Gehen. Als dann ein Paar Jugendlicher den Gehsteig daherschlendert, erblicke ich den Fleck an ihren Haarwurzeln. Natürlich: Aschermittwoch. Sharon hat mich also nicht verlassen; alle Cutrer-Filialstellen haben am Aschermittwoch geschlossen.

Wir sitzen in Kates Wagen, einem Plymouth von 1951, um den sich Kate in all ihren Schwierigkeiten treu gekümmert hat.

Es ist ein hochrädriges graues Coupé, und es läuft mit einem hellen gasigen Ton. Wenn sie fährt, den Kopf geduckt, die Arme symmetrisch auf dem Lenkrad, die blassen Arme leicht zitternd, all ihr Zubehör – Strohkissen, Kleenexschachtel, magnetischer Aschenbecher – um sich geordnet, stellt man sich vor, daß die Eigentümerin diesen kleinen ruppigen Wagen allmählich verwandelt hat, bis er, mit Nut und Bolzen, ganz wie sie selber geworden ist; und wenn er frisch vom Service kommt, die schmalen Reifen noch schwarz und feucht, erscheint sogar die Schmiere nicht als der übliche Dreck, sondern als der »gedeihsame Bernsteinsaft des schlanken Achsenbaums«.

»Warum hast du ihr nicht erzählt, was wir vorhaben?« Kate hält immer noch das Lenkrad fest und beobachtet die Straße.

»Ich war in der Bibliothek und habe jedes Wort gehört. Du *Idiot*.«

Sie ist guter Dinge. Sie meint, ich hätte eine großartige stoische Geste vollführt.

»Hast du es ihr gesagt?« frage ich.

»Ich habe ihr gesagt, daß wir heiraten werden.«

»Werden wir?«

»Ja.«

»Was hat sie dazu gesagt?«

»Nichts. Sie hofft nur, daß du sie heute nachmittag besuchst.«

»Ich muß ohnedies hin. Vor einer Woche habe ich ihr versprochen, von meinen Plänen zu erzählen.«

»Was planst du?«

Ich zucke die Achseln.

»Wirst du Medizin studieren?«

»Wenn sie das von mir wünscht.«

»Heißt das, daß wir jetzt noch nicht heiraten können?«

»Doch. Du hast einen Haufen Geld.«

»Offen gesagt: ich weiß nicht, ob ich es schaffe. Es kommt mir so verrückt vor.«

Kates Zeigefinger beginnt den Daumen daneben zu erforschen, auf der Suche nach dem besonderen Stachel im wunden Fleisch. Ein prächtiger neuer Mercury hält hinter uns, und ein Neger steigt aus und geht auf die Kirche zu. Er wirkt ehrbarer als ehrbar, mit seinem Archie Moore-Schnurrbart, der Art, wie er sich rundumdreht, bei unserem Anblick himmelwärts nach dem Wetter schaut und dann mit einem schnellen Dreh seines Rockzipfels ein Taschentuch aus der hinteren Tasche zaubert und sich mit einer magisch-plakativen Geste die Nase schneuzt.

»Es wäre eine große Hilfe, wenn ich sicher sein könnte, daß du weißt, wie verängstigt ich bin. Es ist nicht nur die Ehe. Heute nachmittag hatte ich Lust auf Zigaretten, aber der Gedanke an den Weg zum Drugstore war die Hölle. Ich habe Angst, wenn ich allein bin, und ich habe Angst, wenn ich mit Leuten bin. Du wirst sehr viel bei mir sein müssen. Möchtest du das?«

»Ja.«

»Und ich bin nicht sicher, ob es jemals besser wird.«

»Vielleicht doch.«

»Ich glaube, es gibt einen Weg. Mir scheint, wenn wir viel zusammen sind und du mir die einfachsten Dinge sagst und mich nicht auslachst – bitte lach mich nie aus –, mir zum Beispiel sagst: Kate, du kannst ruhig hinunter zum Drugstore gehen, dann werde ich dir glauben. Wirst du das tun?« fragt sie mit ihrer nicht ganz echten, ein bißchen von Sarah Lawrence abgeschauten Feierlichkeit.

»Ja, ich werde es tun.«

Sie hat ernsthaft an ihrem Daumen zu zupfen angefangen, rupft kleine Fasern weg. Ich nehme die Hand und küsse das Blut.

»Aber du sollst versuchen, dir nicht selber weh zu tun.«

»Ich will es versuchen. Ich will!«

Der Neger kommt wieder aus der Kirche. Seine Stirn ist unbestimmt sienafarben und scheckig; man sieht nicht, ob Asche darauf ist. In seinen Mercury gestiegen, fährt er nicht gleich los, sondern betrachtet etwas auf dem Nebensitz. Einen Musterkoffer? Ein Versicherungshandbuch? Unmöglich zu sagen, warum er da ist. Gehört es zu den vielfältigen Methoden, in der Welt voranzukommen? Oder glaubt er, daß Gott selbst hier anwesend ist, an der Kreuzung Elysian Fields – Bons Enfants? Oder ist er hier aus beiden Gründen – kommt, durch eine dunkle List der Gnade, für das eine und empfängt, als Gottes eigenen dicken Bonus, das andre?

Unmöglich zu sagen.

EPILOG

So endete mein dreißigstes Jahr auf dem Weg zur Ewigkeit, wie das der Dichter genannt hat.

Kate und ich heirateten im Juni. Ich begleitete meine Tante nach North Carolina: die Geschäftsabwicklung in Gentilly ging früher vonstatten als erwartet, weil Sharon, inzwischen Mrs. Stanley Shamoun, so kompetent geworden war, daß sie die Sommerarbeit allein erledigen konnte (zumindest bis Ersatz für mich gefunden wäre). Im August kaufte Mr. Sartalamaccia mein Grundstück für fünfundzwanzigtausend Dollar. Als im September das Medizinstudium begann, fand Kate ein Haus in der Nähe ihrer Stiefmutter, eins von denen, wo die Räume im »Eisenbahnstil« hintereinanderliegen, hergerichtet von meiner Cousine Nell Lovell ganz nach Kates Geschmack, mit den Saloontüren als Eingang zur Küche, den holzkohlengrauen Läden und dem bleiernen St. Franziskus im Patio.

Meine Tante hat mich liebgewonnen. Sobald sie hinnahm, was sie all die Jahre selber zu sagen pflegte (daß die Bolling-Familie nichts mehr taugt und daß ich keiner ihrer Helden, sondern ein ziemlich gewöhnlicher Geselle bin), kamen wir sehr gut zurecht. Beide Frauen finden mich lustig und lachen viel auf meine Kosten.

Am Mardi Gras-Morgen des folgenden Jahres erlitt mein Onkel Jules im Boston Club einen zweiten Herzanfall, an dem er bald darauf starb.

Im folgenden Mai, ein paar Tage nach seinem fünfzehnten Geburtstag, starb mein Halbbruder Lonnie an einer Virusinfektion. Am Tag vor Lonnies Tod fuhr Kate erstmals mit der

Straßenbahn allein in die Innenstadt, nachdem ich ihr jede Bewegung genau vorgesagt und ihr zudem versichert hatte, daß sie an einem seeseitigen Fenster sitzen würde.

Was meine Suche betrifft: ich bin nicht geneigt, noch viel darüber zu sagen. Erstens, wie der große dänische Denker erklärte, fehlt unsereinem die Autorität, über solche Dinge anders als erbaulich zu reden. Und zweitens ist es viel zu spät für Erbaulichkeit; die Zeit ist eine andre als die seine.

ANMERKUNG

Die amerikanische Erstausgabe des *Moviegoer* erschien im Frühjahr 1961. Walker Percy war damals fast fünfundvierzig Jahre alt, und der Roman war seine erste literarische Buchveröffentlichung. Percys Arbeiten in dem Jahrzehnt davor bestanden vor allem aus philosophischen Aufsätzen für Zeitschriften wie *The Partisan Review* und *Commonweal*. Der Autor war freilich auch kein Fachphilosoph, sondern ein Arzt, der 1942, kaum im Beruf, an Tuberkulose erkrankt war und nach fünf Jahren Sanatorium nicht mehr praktizierte. *The Moviegoer* wurde zunächst wenig beachtet. Doch der National Book Award 1962 trug dann in Amerika viel zu einer Wirkung bei, die nicht mit der Saison wieder verschwand, sondern auch jetzt noch, fast zwanzig Jahre später, machtvoll andauert. Ohne ein außerliterarisches Kultbuch zu sein, aber auch nicht einzuordnen in die amerikanische Romantradition, wird *The Moviegoer* von einem Leser an den anderen weitergegeben, als die geltende Geschichte, jenseits der aktuellen Ideologien oder Schreibtheorien.

Diese deutsche Übersetzung stammt von einem dankbaren Leser, dem der Moviegoer John Bickerson Bolling aus New Orleans/Gentilly über Jahre ein Wahlverwandter war. Eine Interpretation des Buchs könnte leicht »erbaulich« aussehen, was nach Walker Percy unserem Jahrhundert nicht mehr zusteht. Trotzdem will ich eine Phantasie nicht verschweigen, die im Lauf der Übersetzungsarbeit immer stärker und wärmer wurde: daß der Moviegoer wieder ein Held ist, wie er nach Camus' *Fremdem* kaum mehr möglich schien; und nicht nur ein Held, sondern ein Heiliger.

Für die Hilfe bei der Kleinarbeit an den Wörtern (vor allem den Louisiana-Spezialitäten) danke ich Ralph Manheim in Paris und Paul Schlueter in Easton/Pennsylvania. – Walker Percy war so freundlich, den mit Verantwortung bedachten Weglassungen zuzustimmen.

Ein umfassender Essay über Percy ist im Jahr 1979 bei Little, Brown and Company erschienen: Robert Coles, *Walker Percy/ An American Search.*

Peter Handke, Mai 1980

Bibliothek Suhrkamp
Verzeichnis der letzten Nummern

1447 Volker Braun, Der Stoff zum Leben 1-4
1448 Roland Barthes, Die helle Kammer
1449 Siegfried Kracauer, Straßen in Berlin und anderswo
1450 Hermann Lenz, Neue Zeit
1451 Siegfried Unseld, Reiseberichte
1452 Samuel Beckett, Disjecta
1453 Thomas Bernhard, An der Baumgrenze
1454 Hans Blumenberg, Löwen
1455 Gershom Scholem, Die Geheimnisse der Schöpfung
1456 Georges Hyvernaud, Haut und Knochen
1457 Gabriel Josipovici, Moo Pak
1458 Ernst Meister, Gedichte
1459 Meret Oppenheim, Träume Aufzeichnungen
1460 Alexander Kluge, Gerhard Richter, Dezember
1461 Paul Celan, Gedichte
1462 Felix Hartlaub, Kriegsaufzeichnungen aus Paris
1463 Pierre Michon, Die Grande Beune
1464 Marie NDiaye, Mein Herz in der Enge
1465 Ossip Mandelstam, Anna Achmatowa
1467 Robert Walser, Mikrogramme
1468 James Joyce, Geschichten von Shem und Shaun
1469 Hans Blumenberg, Quellen, Ströme, Eisberge
1470 Florjan Lipuš, Boštjans Flug
1471 Shahrnush Parsipur, Frauen ohne Männer
1472 John Cage, Empty Mind
1473 Felix Hartlaub, Italienische Reise
1474 Pierre Michon, Die Elf
1475 Pierre Michon, Leben der kleinen Toten
1476 Kito Lorenc, Gedichte
1477 Alexander Kluge/Gerhard Richter, Nachricht von ruhigen Momenten
1478 E.M. Cioran, Leidenschaftlicher Leitfaden II
1479 Christa Wolf, Kein Ort. Nirgends
1480 Renata Adler, Rennboot
1481 Julio Cortázar/Carol Dunlop, Die Autonauten auf der Kosmobahn
1482 Lidia Ginsburg, Aufzeichnungen eines Blockademenschen
1483 Ludwig Hohl, Die Notizen
1484 Ludwig Hohl, Bergfahrt
1485 Ludwig Hohl, Nuancen und Details
1486 Ludwig Hohl, Vom Erreichbaren und vom Unerreichbaren
1487 Ludwig Hohl, Nächtlicher Weg
1488 Fritz Sternberg, Der Dichter und die Ratio
1489 Felix Hartlaub, Aus Hitlers Berlin
1490 Renata Adler, Pechrabenschwarz
1491 Pierre Michon, Körper des Königs
1492 Joseph Beuys, Mysterien für alle
1493 T.S. Eliot, Vier Quartette/Four Quartets